徹底調査

子供の貧困が日本を滅ぼす

社会的損失40兆円の衝撃

日本財団 子どもの貧困対策チーム

文春新書

1092

はじめに

花岡　隼人

子どもの貧困問題は今、数多くある社会問題の中でも非常に高い注目を浴びており、新聞やテレビでも連日のように取り扱われるテーマとなっている。

しかし、子どもの貧困は日本社会全体を揺るがす大きな問題であり、国民一人ひとりの将来や老後の生活までも脅かす重大な問題である、とまでは認識されていないのではないだろうか。そのことを社会に問う必要があると感じたことが、この本を執筆しようと思ったきっかけである。

日本で子どもの貧困問題が関心を呼んでいる理由は、二つの「意外性」が背景にある。

一つは、問題の存在自体に対する意外性だ。筆者が、日本の子どもの貧困問題に取組んでいると話すと、九割以上の方は「日本に子どもの貧困問題がある？　本当か？」という反応をされる。こういう方々にとっての「子どもの貧困」のイメージは、衣食住にも事欠くような子どもである。このイメージは、日本の子どもの貧困の実態とは必ずしも一致しないが、問題の存在自体を意外に思い、関心を持つきっかけを生んでいる。

二つ目の「意外性」は、貧困状態にあるとされる子どもの割合の多さである。貧困問題は資本主義経済が必ず抱える社会問題として受け入れるとしても、その割合の多さを意外に思う方が多いのだ。我が国の子どもの貧困率が16・3％（二〇一二年度）であるため、「日本には貧困状態にある子どもが六人に一人もいる」とメディアで紹介されることが多い。この16・3％という数字は日本全国で平均した数字であるため、一〇人に一人の地域もあれば、二人に一人の地域もある。比較的に所得階層が高いコミュニティで育ってきた方からすれば、「六人に一人も貧困状態にある子どもがいる」という統計的な事実は、実感のない都市伝説のようなものなのかもしれない。しかし、16・3％は統計から得られた客観的なデータであり、解釈は様々あるとしても、その割合は実際に存在するのである。

なぜ筆者が子どもの貧困問題に強い問題意識を持ち、「日本財団　子どもの貧困対策チーム」（以下、対策チーム）のメンバーとして活動することになったのか。実は、筆者自身も「貧困家庭」を経験しているからである。本書で紹介する子どもたちのケースに比べればかなり恵まれているとは思うが、一つの事例として私の体験を紹介させていただきたい。

私は、会社員の父と主婦の母の間に生まれ、当初は海外生活を経験するなど、比較的裕福に育った。しかし、十二歳で両親が離婚すると状況は一変してしまった。母子家庭の収入ではそれまでの生活を維持することはおろか、その日を生きていくのが精一杯の生活となったのだ。その時の母親の収入はOECD（経済協力開発機構）の定める貧困ラインのギリギリだったと記憶している。そんな経済状況でも、女手一つで息子二人を育ててくれた母親には、感謝してもしつくせない。大学には家族の支援を受けて進学したが、学費等は自分で工面し、現在も奨学金の返済を続けている。

学生時代を通じて子どもの貧困問題を「都市伝説」と受け止めざるをえないくらい裕福な家庭出身の子どもが多くいるコミュニティに、私は混じっていた。申し上げたいのは、問題は意外に身近ということである。

皆さんの周りにも、よくよく考えればそういう方がいたのではないだろうか。問題は、存在しないのではなく、単に知らないだけかもしれないのだ。

子どもの貧困問題がこのような関心を集める一方で、対策チームはある懸念を抱いていた。その懸念とは、「子どもの貧困問題を一時の流行にしてしまえば、別の流行が生まれたとき、関心が薄れてしまうのではないか」というものである。日本財団は、政府とともに子どもの貧困問題を国民全体で解決していくための「子供の未来応援国民運動」を展開しており、対策チームでは国民の関心をいかに高め、実際の行動につなげていくかを考えてきた。

言うまでもなく、子どもの貧困問題の解決には相当長い時間を要する。しかし、流行によって国民の関心が盛衰するようでは、解決までの道のりは遠のいてしまう。「意外性」の効果は、「意外である」と思った瞬間から徐々に減っていくため、対策チームは「意外性」に頼り続ける周知には限界があると考えていた。流行で終わらせないためには、どうすればよいか。そこで考えたキーワードが、「ジブンゴト（自分事）」である。貧困状態にある子どもが六人に一人という大きな割合でも、六人のうち五人から見れば「意外」な問題であり、「ヒトゴト（他人事）」で終わってしまう可能性も高い。

「ジブンゴト」にしていくために、対策チームが考えたアイデアが、本書で取上げている、子どもの貧困が与える経済的影響の推計である。経済の問題は誰にとっても重要な問題であることは議論をまたない。経済にマイナスの影響があれば、皆さまの給料が減るかもしれないし、給料が減れば支払う税金・保険料も減少するため、政府財政にもマイナスの影響を与える。特に、子どもの貧困問題においては、家庭の経済格差が子どもの教育格差を生み、将来の所得格差につながる「貧困の連鎖（世代間再生産）」が問題になっており、実際、これは拡大傾向にある。子どもの貧困問題を放置することによって、貧困の連鎖がこのまま拡大すれば、貧困層が増えることで国内市場が縮小し、政府財政にも影響を与えることが予想される。このような問題設定に加え、諸外国でも同様の先行研究があったこともあり、対策チームでは日本で初めて子どもの貧困が経済に与える影響を試算することにした。その試算結果を二〇一五年十二月に「子どもの貧困の社会的損失推計レポート」（以下、推計レポート）として公表した。

推計レポートは、公表当日にNHKニュースで取上げていただいたこともあり、多くの皆さまからお問い合わせをいただいた。国会でも民主党（当時）の蓮舫議員が、二〇一六年三月二日の参議院予算委員会において推計レポートの試算結果を取上げてくださった。筆者はその日、宮崎出張へ向かうため羽田空港にいたのだが、羽田空港の出発ロビーにあるテレビで国会中継が流れており、蓮舫議員が試算結果の書かれたボードを手にしているのをパッと見て、「どこかで見たことある表だな」と思ったのを覚えている。自分たちの試算結果が国会で取上げられるなど、なかなか考えられないものである。二〇一六年三月には、子どもの貧困問題を、より「ジブンゴト」として皆さまに捉えていただくため、都道府県別に再試算したものを「子どもの貧困の社会的損失推計レポート―都道府県別推計―」として発表した。

そのような中、文藝春秋より推計レポートを新書として出版しないかとのお話をいただき、本書を上梓することになった。広く世に問う必要性は感じていたものの、新書として出版の恩恵に与るとは想定しておらず、大変貴重かつありがたい機会と考え、お引き受けした。

さて、本書の内容を簡単にご紹介したい。本書は推計レポートの内容に加え、新たに当事者の体験談や、子どもの貧困問題の解決策について我々なりの仮説を提示している。各章は、読者の関心に応じて単独でも十分に参考となる内容になっている。

第一章では、子どもの貧困問題の実態について紹介している。子どもの貧困率やひとり親の貧困率といった問題の現状を表すデータに加え、親の貧困が子の貧困をもたらす貧困の連鎖に関するデータも掲載している。また、子どもの貧困問題についての基本的な用語についても解説しているので、子どもの貧困問題のハンドブックとしても活用していただけると思う。

第二章では、推計レポートの具体的な内容を記載した。子どもの貧困問題が、我が国の経済にいかに大きな影響を与えるのかについて計算した初めての推計であり、その推計方法や推計結果を具体的に記載している。

第三章では、子どもの貧困問題の当事者・経験者に対してインタビューを行なった内容を掲載している。生活保護家庭、児童養護施設出身者等に対して、これまでの経験や現在の境遇、今後の人生の見通しなどについてお話を伺った。これらのインタビューによって、子どもの貧困の実態がいかに深刻で、第二章の推計が机上の空論でないかを実感していただけると思う。

第四章では、インタビュー結果を受けて、貧困の連鎖がなぜ起き、どうすれば連鎖を断つことができるかについて我々なりの仮説を提示している。本章では、「社会的相続」や「非認知能力」という、貧困の連鎖を断つ施策を考える上で重要な概念を紹介している。

第五章では、貧困の連鎖を断つための具体的な施策立案の参考とすべく、海外の先行研究を紹介している。貧困状態の子どもに早期介入を行なうことで、将来の自立につながることを科学的に実証したいくつかの研究成果を掲載した。シカゴ大学での最新の研究にも触れており、海外の動向に興味のある方はぜひご一読いただきたい。

第六章では、本書の締めくくりとして、深刻化する子どもの貧困問題に対して、政府、自治体、NPOなどがどんな対策を行なっているのかを紹介している。加えて、新しい取組みとして日本財団による「子どもの貧困対策プロジェクト」の概要にも触れている。最後には、子どもの貧困問題に対して、読者が何をできるかについていくつか提案させていただいた。

本書の執筆陣を紹介したい。本書は対策チームのメンバーによって書かれている。日本財団とは、ボートレースの交付金の一部を活用して公益活動を支援している団体であり、五十年以上にわたって様々な分野で支援を行なってきた。子どもの支援においても多くの実績があり、古くは保育所や児童養護施設の整備支援を行なってきており、最近では「日本財団子どもサポートプロジェクト」(以下、サポートプロジェクト)として、特別養子縁組支援、難病児支援、東京大学との異才発掘プロジェクト(ROCKET)、児童養護施設出身者などに対する奨学金支援等に力を入れている。子どもの貧困問題についても、深刻化する現状を受け、サポートプロジェクトの重点支援分野として取組んでおり、対策チームは専任部署として組織された。

青柳光昌は、子どもの貧困対策チームの現場責任者を務めている。青柳は、子どもの貧困対策以外にも、東日本大震災発生直後より復興・災害支援業務も所掌しており、本書執筆中に起きた熊本地震についても支援業務を指揮した。本書では、全体監修と「おわりに」を担当している。

小林庸平は、三菱ＵＦＪリサーチ&コンサルティング株式会社に所属しているが、推計レポートの作成に社外メンバーとして参画しており、本書にも執筆メンバーとして参加した。本書では、第二章、第三章、第五章を担当している。

私、花岡隼人は、日本財団職員として子どもの貧困対策チームメンバーの一人として活動しており、推計レポート作成や先述した「子どもの貧困対策プロジェクト」の推進に係る業務に携わっている。本書では、第一章、第三章、第四章、第六章を担当している。

先述したように、本書は子どもの貧困問題を多くの方に「ジブンゴト」として感じてもらうために執筆されている。遠い国の恵まれない子どもの話ではなく、今そこにある、皆様にとって重要な問題である。見て見ぬふりをすれば、必ず自分に返ってくる。「子供の貧困が日本を滅ぼす」というタイトルは、我々のそんな問題意識から付けられている。一人でも多くの読者が「ジブンゴト」としてこの問題を捉えてくださることを願っている。

徹底調査　子供の貧困が日本を滅ぼす——社会的損失40兆円の衝撃◎目次

第三章　当事者が語る「貧困の現場」

第一章　子どもの貧困大国・日本

花岡　隼人

子どもの貧困とは

「子どもの貧困」と耳にすると、どこか遠い国の話題と感じる読者が多いかもしれない。しかし、子どもの貧困問題は経済大国日本においても確実に存在しており、拡大しつつある。

現状を紹介するために、分かりやすいデータをいくつかお示しするところから始めたい。図表1は我が国の子どもの貧困率の推移を示したものである。子どもの貧困率とは、相対的貧困状態にある十七歳以下の子どもの割合を指す。相対的貧困とは、貧困ライン（国民の可処分所得を順番に並べた時、ちょうど真ん中に来る所得額（中央値）の50%）に満たない暮らしを強いられている状態である。二〇一二年の日本の貧困ラインは、一人あたり一二二万円である。親一人、子二人のような三人世帯の貧困ラインは、一二二万円に対して3をかけるのではなく、$\sqrt{3}$（約一・七）をかけるため、約二〇七万円となる。なぜ、3ではなく、$\sqrt{3}$なのかというと、たとえ一人から三人に家族が増えたとしても、生活に必要なものは共有できるものも多く、必ずしも三倍の収入が必要になることはないという考えからである。

図表1　子どもの貧困率の推移

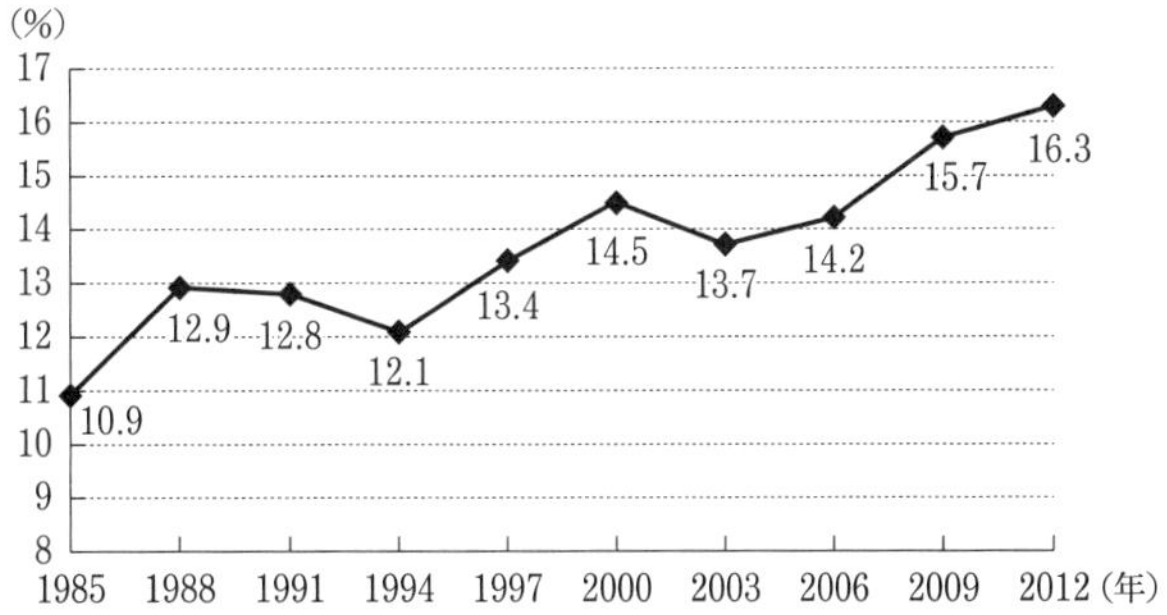

（出所）厚生労働省（2013）「国民生活基礎調査」

図表1を見ていただければ分かるように日本の子どもの貧困率は上昇傾向にあり、二〇一二年は16・3％となっている。すなわち、六人に一人の子どもが貧困状態にある計算となる。

ここで読者は不思議に思うかもしれない。「二〇七万円もあれば暮らせないこともないだろう。仮に六人に一人の子どもが貧困状態にあるとしても、自分の周りにそんなに貧しい子どもはいない」と。まさにこの感想に、我が国の子どもの貧困問題の難しさがある。一般の方々が考える「子どもの貧困」とは、食べるものに困り、着るものも満足にない、外見から判断して「明らかに」貧困と分かるような子どもである。「絶対的」な貧困である。

しかしながら、日本でそうした貧困はあまり見ることはない。先ほどの貧困ラインをみると三人世帯

図表2　OECD諸国の子どもの貧困率（2010年）

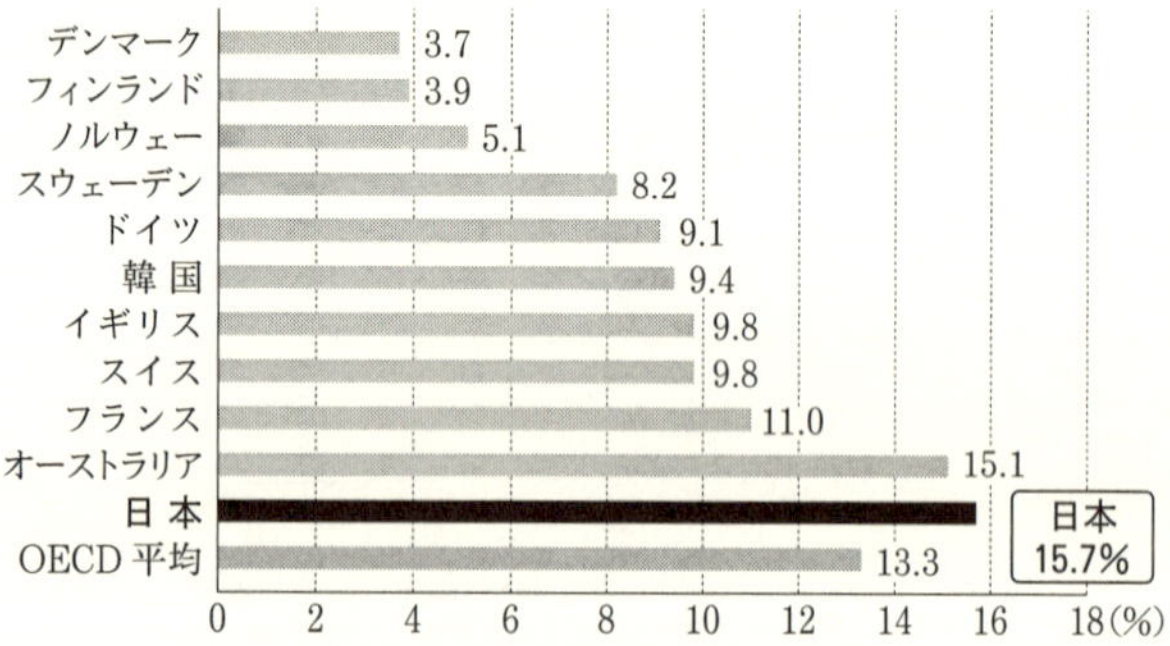

（出所）内閣府（2014）「子ども・若者白書」

の場合、年収二〇七万円となっており、月額で一七万円程度である。親子三人であれば暮らしていけないことはない。日本における貧困問題は、あくまで「相対的」な貧困である。しかし、生活費の高い都市部において、親一人子二人が一七万円で生活するというのは決して簡単なことではなく、生活に余裕はない。二〇一四年の総務省家計調査によれば、大都市部の二人以上の世帯の平均消費支出は約三〇万円である。月収一七万円の場合、最低限の衣食住は満たされるかもしれないが、教育や将来への投資を行なうことは難しい。その結果、彼らの将来の選択肢が狭められ、貧困の連鎖に陥る可能性を高めている。

　では、国際的に比較するとどうなのであろうか。国内総生産でみれば、世界第三位の経済規模を誇る日本である。多くの読者は、日本は他国より貧困率は低いとお考えかもしれない。図表2はOECD諸国における子どもの貧困率を比較したものである。日本は三四カ国のうち上から一〇番目と高く、OECD平均を上回っている。お隣の韓国はOECD平均を下回っており、子どもの貧困率は下から一一番目である。

子どもの貧困は子ども自身が貧困なのではなく、家庭の貧困によるものである。そこで、ひとり親家庭の貧困率をみたものが図表3であるが、ご覧いただければ分かるとおり、日本はOECDでワースト一位だ。一方で、日本のひとり親の就業率は母子世帯で81%、父子世帯で91%となっており、アメリカ74%、イギリス56%等と比較しても高水準にある。就業率が高いにも関わらず、貧困率が高い背景としてひとり親、特に母子世帯の収入が一般世帯に比べて低いことが挙げられる。二〇一一年度の全国母子世帯等調査によれば、母子世帯の平均年間就労収入は正規職員で二七〇万円、父子世帯の場合は四二六万円という結果となっている。男女間の賃金格差、職場復帰を促す社会インフラの不足等という社会構造的な問題が母子世帯をめぐる経済状況を厳しくしている。日本では離婚等で母子世帯になった場合、高い確率で貧困状態に陥りやすいのが現実だ。

日本の悲惨な状況を表す数字はこれでは終わらない。図表4はユニセフが二〇一六年に

図表3　OECD諸国のひとり親家庭の貧困

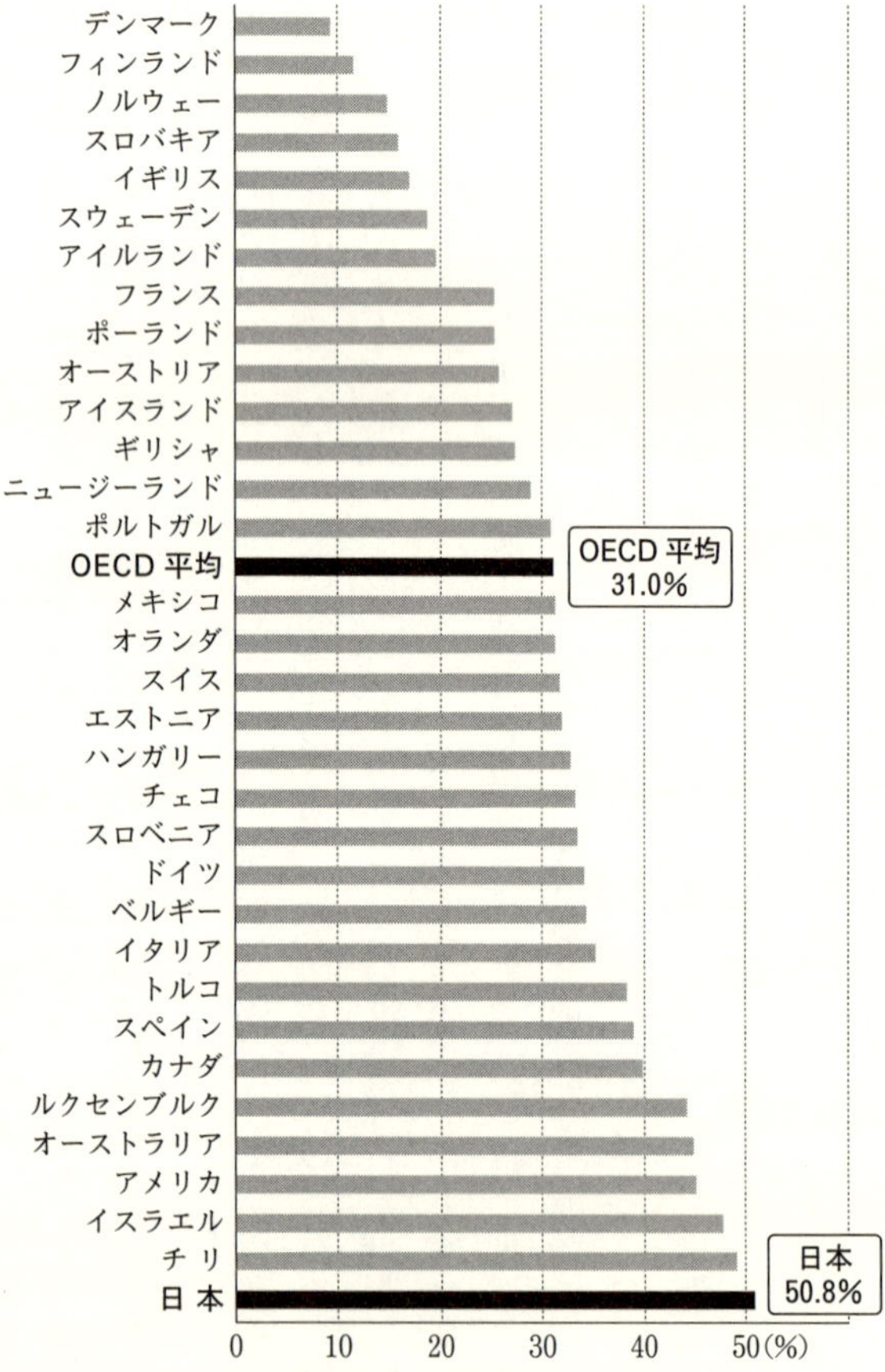

（出所）内閣府（2014）「子ども・若者白書」

図表４　先進国の相対的所得ギャップ

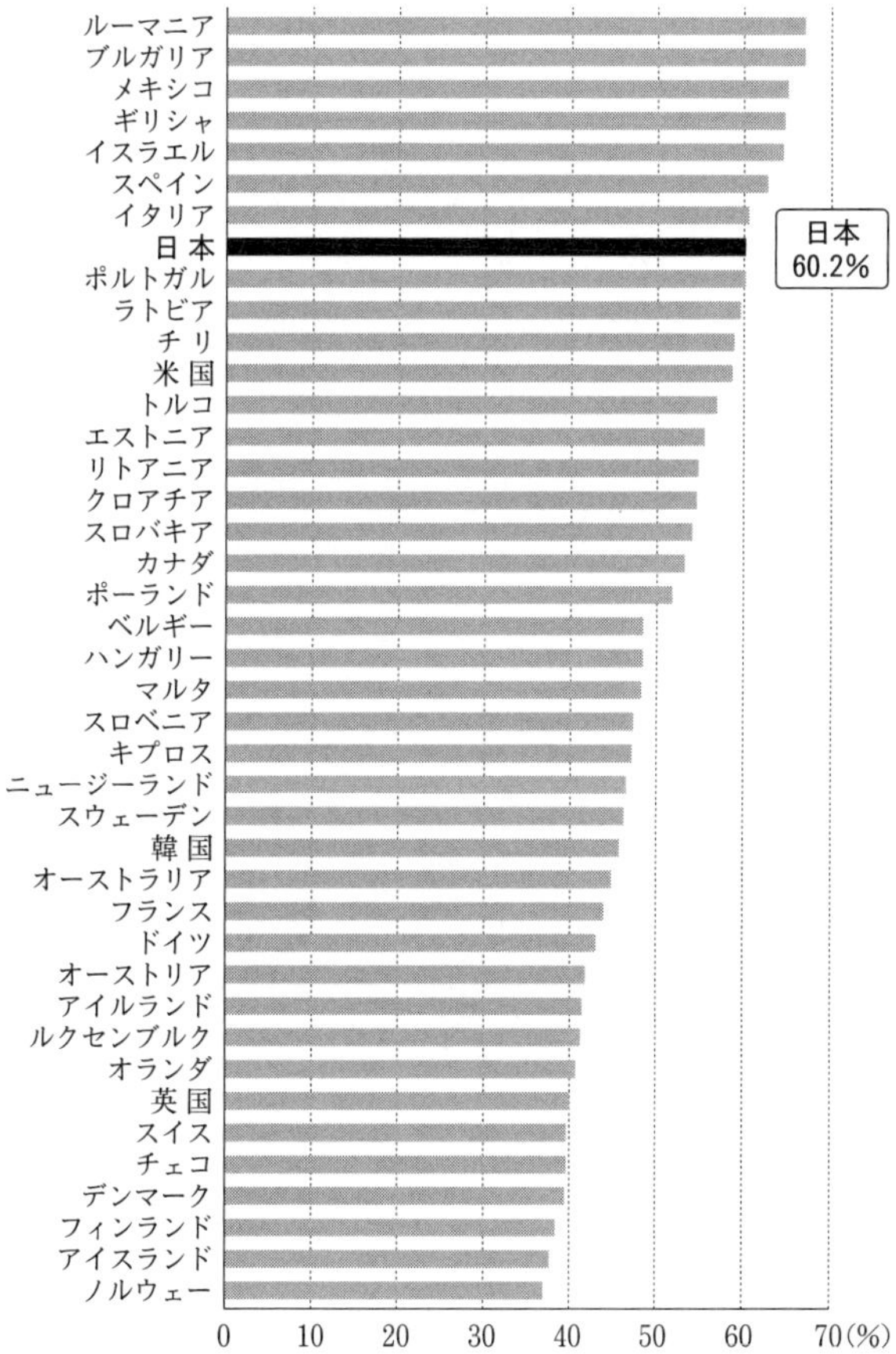

（出所）ユニセフ・イノチェンティ研究所（2016）「イノチェンティ レポートカード 13 子どもたちのための公平性：先進諸国における子どもたちの幸福度の格差に関する順位表」

発表した、先進諸国における相対的所得ギャップを示したものである。相対的所得ギャップとは、所得階層の下から10％目の子どもが属する世帯所得が、所得階層の真ん中の世帯所得に比べてどれだけ離れているかを示す指標である。要するに、貧困層と中間層の間にどれだけ格差があるかを示す数字である。例えば、相対的所得ギャップが30％の場合、所得階層の真ん中の世帯所得を30％減じた値が、下から10％目の子どもが属する世帯所得になるということである。

図表4をみると、日本の相対的所得ギャップは60・2％であり、先進諸国四一カ国の中では下から（大きい方から数えて）八番目である。しかも、首都大学東京の阿部彩教授によれば、下位10％目の所得はこの十年で見ても減少しているという。日本は他国に比べて貧困率が高いだけでなく、子ども間の格差も広がっていることになる。

日本の子どもの貧困問題の深刻さをご理解いただけたであろうか。

貧困は「連鎖」する

ここまでは日本において子どもの貧困問題が存在し、いかに深刻であるかを様々なデータを引用し、紹介してきた。経済大国というイメージの強い我が国で、子どもの貧困がこ

図表5　世帯収入と学力の相関

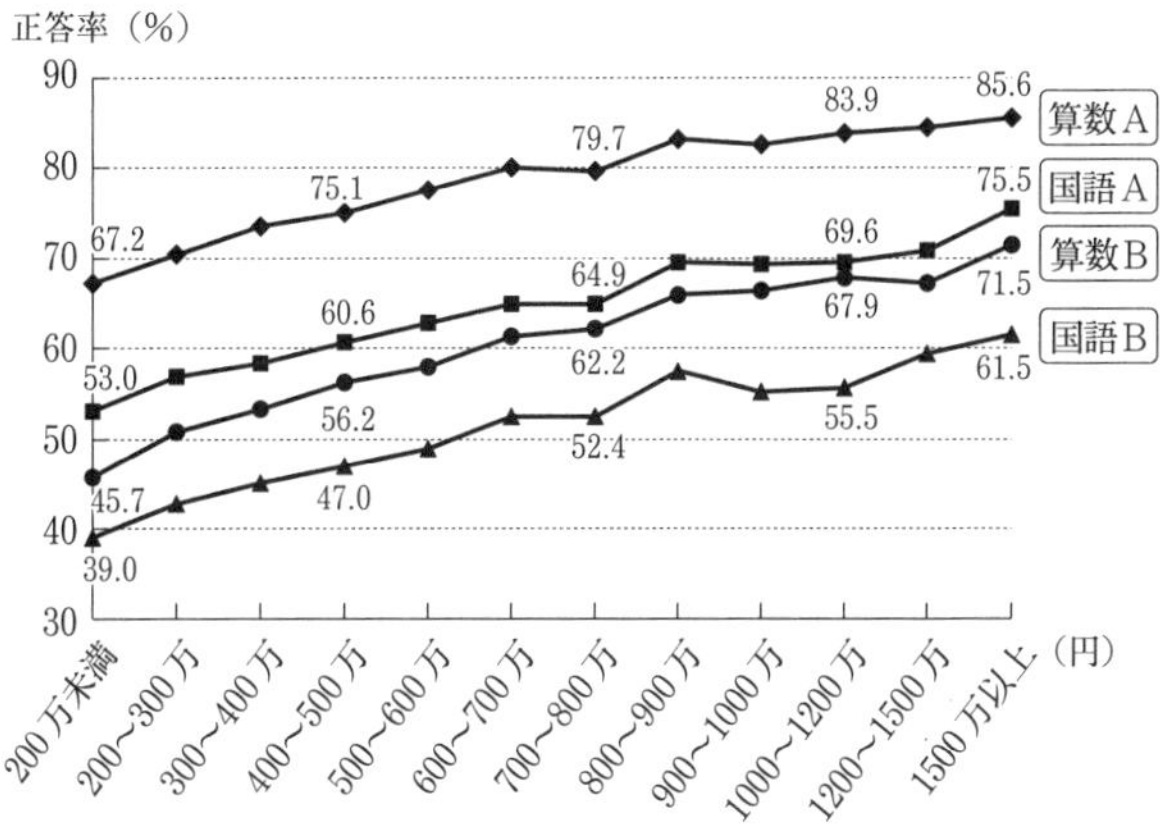

（出所）お茶の水女子大学（2014）「平成25年度全国学力・学習状況調査（きめ細かい調査）の結果を活用した学力に影響を与える要因分析に関する調査研究」

れほどまでに蔓延していることだけでも驚きかもしれない。しかし、我が国における子どもの貧困問題で最も重要なのは、貧困が世代を超えて「連鎖」していることである。お茶の水女子大学は二〇一四年、「全国学力・学習状況調査」と保護者へのアンケート結果から、世帯収入と学力の相関関係を分析している。図表5は、その分析結果を示したものである。これをみると、世帯収入は学力と非常に高い相関関係にあることが分かる。

当然ではあるが、世帯収入の差によってもたらされる学力の差は、学

図表6　経済状況別の進学率・就職率・中退率

	全世帯	生活保護世帯	児童養護施設	ひとり親家庭
中学校卒業後就職率	0.3%	2.5%	2.1%	0.8%
高等学校等進学率	98.6%	90.8%	96.6%	93.9%
高等学校等中退率	1.7%	5.3%	−	−
高校卒業後就職率	17.3%	46.1%	69.8%	33.0%
大学等進学率（専修学校・短大含む）	**73.3%**	**32.9%**	**22.6%**	**41.6%**

（出所）　内閣府（2014）「子供の貧困対策に関する大綱」

歴の差として現れる。図表6は、生活保護世帯・児童養護施設・ひとり親家庭の進学率・就職率を全世帯平均と比較したものである。高等学校等進学率はどのカテゴリーも90％以上であり、大きな差はみられないが、大学等進学率（専修学校・短大含む）では全世帯平均が73・3％であるのに対し、ひとり親家庭は41・6％、生活保護世帯に至っては32・9％と半分以下の数字となっている。

学歴の差は収入の差となって現れる。図表7は二〇一五年賃金構造基本統計調査による男女ごとの学歴別の賃金を示したものである。男の場合、大学・大学院卒のピーク時の賃金月額が約五四万円であるのに対し、高卒では約三五万円と一・五倍以上の開きがある。また賃金カーブにも大きな差が現れており、生涯年収で考えると大学・大学院卒と高卒では

図表７　学歴・性・年齢階級別賃金

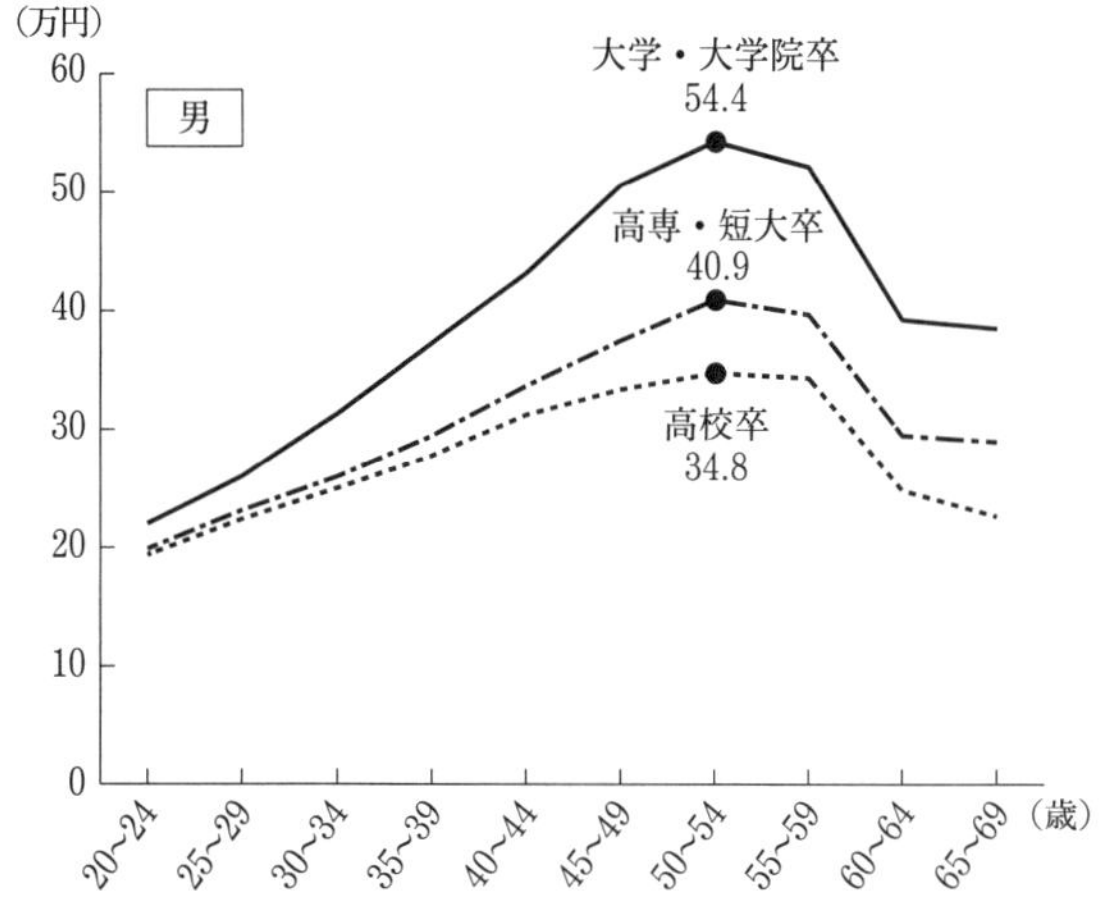

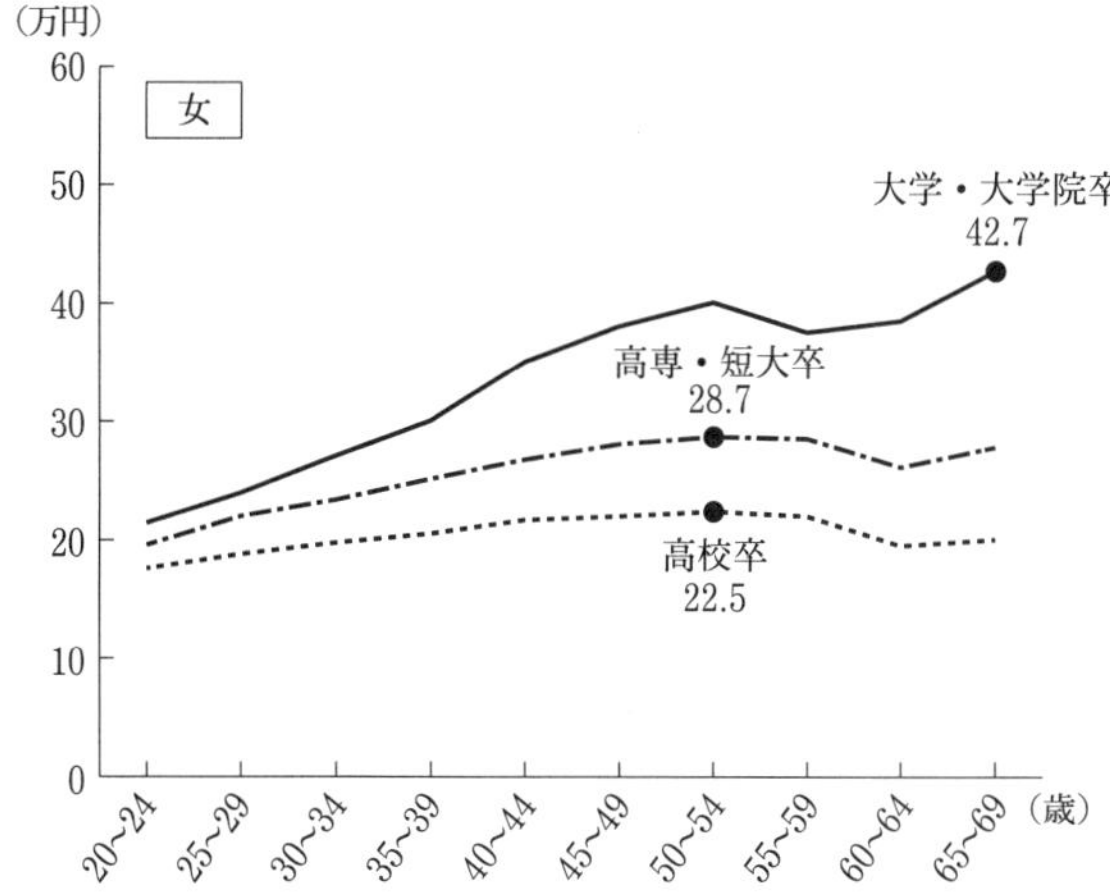

（出所）厚生労働省（2015）「賃金構造基本統計調査」

大きな差が生まれる。――これらのデータから、「生まれた家庭の経済格差が教育格差をもたらし、将来の所得格差につながっている」ことが推測される。

では、貧困の連鎖は実際にどのくらいの規模で起きているのだろうか。全国の実態を把握できるようなデータはないものの、関西国際大学の道中隆教授による調査によれば、ある自治体では生活保護を受けている世帯主の四分の一が、生家でも生活保護受給歴があり、母子世帯ではこの割合が約四割にもなるという。ひとたび貧困層になると、世代が交代しても抜け出すことがいかに難しいかが分かっていただけると思う。

ちなみに、「生まれた家庭の経済格差が教育格差をもたらし、将来の所得格差につながっている」という傾向は貧困層にだけ当てはまるものではなく、当然ながら高所得層についても同様の傾向が確認されている。東京大学学生生活実態調査（二〇一四）によれば、東京大学に通う学生の家計支持者のうち、54・8％が年収九五〇万円を超えているという。衝撃的な数字である。

現場で何が起きているのか

このように深刻化する子どもの貧困問題に対し、問題を取上げるメディアも増えてきている。既に発表されている記事等の中から、当事者への取材を通じて貧困の現状を的確に伝えているものをいくつか紹介したい。

まずは、朝日新聞の特集「子どもと貧困」を紹介したい。当事者への密着取材を通じた骨太なルポ記事となっており、「日本に貧困なんて存在するのか」と疑問に思う読者に衝撃を与える特集になっている。見出しからは、子どもの貧困の問題の多様さが窺える。例えば、『「うちはこれ以上無理」母子家庭、諦めさせたバスケの夢』（二〇一五年十二月二十日）や「放課後バイト、家計を支える　通学・進学諦めて就職も」（二〇一六年二月二十五日）からは、経済的困窮により、子どもの将来の可能性が摘み取られるケースを紹介している。相対的貧困の典型例であろう。一方で、『「ティッシュって甘いんだよ」幼い姉妹、母と空腹の日々』（二〇一五年十二月十九日）や、「3年間放置、乳歯10本が根だけに　母子家庭の9歳」（二〇一五年十月十四日）では、ほぼ絶対的貧困に陥っている家庭の様子も紹介している。

子どもの貧困について、映像をご覧になりたい方には、NHKスペシャル「子どもの未来を救え～貧困の連鎖を断ち切るために～」をお薦めしたい。本番組が放映されたのは二〇一四年十二月末であるが、NHKオンデマンドで視聴可能である。経済的困窮に苦しむ当事者への取材はもちろんのこと、寄付等で集められた食材を生活困窮世帯に無償で提供するフードバンクの活動やシングルマザーに対する就労支援などの支援事例も紹介されている。本番組が放映されたことにより、それまで徐々に認識され始めていた子どもの貧困問題の認知度が一挙に拡大したという印象がある。この番組をきっかけに、貧困状態にある子どもに手を差し伸べたいと考え、支援活動を始めた方も少なくない。

また、フィクションではあるが、NPO法人山科醍醐こどものひろば等が制作した動画「貧困を背負って生きる子どもたち　仁の物語」はぜひご覧いただきたい。YouTubeで視聴可能である。この動画の特徴は、主人公である仁の心の変化に焦点をあてている点である。「子どもの貧困」と聞くと、物質的な困窮をイメージしがちであるが、貧困は心の状態に大きな影響を与える。この動画に登場する仁も、生活保護への周囲・世間からの反応に後ろめたさを感じていたことに加え、親が精神に疾患を抱えていたため、受験など考えられず、将来に悲観的になっていた。そんな仁が、近隣で行なわれたイベントでの大学生との出会いをきっかけに、将来に対して前向きになっていく。動画の最初はこんなメッセージで始まる。

ふと思う。
もしあの時あそこへ行ってなかったら
今、自分はどうなっていたのだろう？

「はじめに」で紹介したが、私自身もひとり親家庭で育っている。私が十二歳の時に両親が離婚し、相対的貧困ラインぎりぎり、もしくは下回るような生活水準であった。母、弟との一家三人の生活に経済的な余裕は全くなく、衣食住に事欠くことはなかったものの、経済的な事情によって様々なものを我慢せざるを得なかった。周囲との比較で幾度もみじめな思いをしたのを記憶している。

経済的な制約が長期間続くことにより、現実的な思考しかできなくなり、将来に期待するのは難しくなる。生まれた環境によって将来が決まってしまうのだ。そんな子どもが、日本には数多くいる現実を直視してほしい。

貧困の子どもの暮らし

さて、ここまでデータやルポなどによって子どもの貧困問題の実態についてみてきたが、

「貧困状態にある子ども」といっても、その暮らしは様々である。ここでは、子どもの貧困問題を語る際に頻出する基礎的な関連用語の確認も含め、貧困状態にある子どもの暮らしにどのような形があるのかみていきたい。

子どもの暮らしを大きく分けるのは親の存在である。子どもは自分ひとりの力で生きることは難しく、誰かの力を頼らなければ生きることはできない。大半の子どもは実の親によって育てられるが、育児放棄や虐待等の様々な理由によって離れて暮らさざるを得ない子どももいる。

まずは、実の親と暮らすことのできる子どもの暮らしについて紹介したい。

子どもが貧困状態にある場合、そのほとんどは親が経済的な困窮状態にあることを意味する。親自身が生活にひどく困窮している場合、「生活保護」を申請することができる。厚生労働省によれば、生活保護制度とは「生活に困窮する方に対し、その困窮の程度に応じて必要な保護を行い、健康で文化的な最低限度の生活を保障するとともに、自立を助長すること」を目的とした制度である。「健康で文化的な最低限度の生活」とは生存権について定めた日本国憲法第二十五条に用いられている文言だ。収入が最低生活費に満たない場合、日常生活に必要な費用や家賃、義務教育を受けるために必要な学用品費等を受給できる。国として生活保護制度の実施に投じている予算は、二〇一六年度で二兆八〇〇〇億円以上となっている。厚生労働省によれば、生活保護を受給している母子世帯は二〇一四年で約一一万世帯にのぼっている。

ひとり親世帯の場合は「児童扶養手当」を受給することができる。子どもが十八歳になるまで受給でき、生活保護を受給していても併行して受給可能だ。一人目の支給額は最大月額四万二三三〇円であり、第二子、第三子がいる場合は第一子の月額に加算されていく。二〇一六年八月より第二子以降の加算額が引き上げされ、第二子加算額は定額五〇〇〇円から最大で一万円に、第三子以降は定額三〇〇〇円から最大で六〇〇〇円となった。第二子については三十六年ぶり、第三子以降については二十二年ぶりの改正となっている。国として児童扶養手当に投じている予算は、二〇一六年度は一七四六億円にのぼる。厚生労働省によれば、二〇一一年度の母子世帯は約一二三・八万世帯、父子世帯は約二二・三万世帯となっており、増加傾向にある。

経済的に困窮している世帯の就学児童に対する支援としては、「就学援助」がある。学校教育法第十九条に定められている「経済的理由によって、就学困難と認められる学齢児童生徒の保護者に対しては、市町村は、必要な援助を与えなければならない」との規定に基づき、実施されている。学用品費のほか、給食費や修学旅行費に対して補助が行なわれる。二〇一三年度の就学援助率（就学援助を受けている子どもの割合）は約15％となっており、こちらも増加傾向にある。

では、実の親と暮らせない場合はどうするのであろうか。里親や特別養子縁組などの家庭的な環境で暮らす（家庭的養護）ケースと施設で暮らすケースの大きく二通りがある。二〇一二年三月に厚生労働省が示した指針において「家庭的養護と個別化」が社会的養護の原理の第一番目に掲げられ、近年は里親委託の推進や施設の小規模化を進めている。そこで、まずは家庭的養護の場合をみてみよう。

家庭的養護の代表的なケースである「里親制度」とは、親と暮らすことのできない子どもを預かり、育てることを希望する方に、子どもの養育を委託する制度だ。親子関係は変更せず、養育を保護者に代わり行なうものである。期間はケースによってばらつきはあるが、成人まで預かるケースもある。里親には、子どもの養育費が行政から支給される。里親に預けられている子どもの数は二〇一三年で四五三四人となっている。また、自宅以外の場所で里親制度を利用した養育を行なう場合、「ファミリーホーム（小規模住居型児童養育事業）」と呼ばれ、二〇一三年で八二九人の子どもが養育されている。

乳幼児期には、「特別養子縁組制度」の利用も考えられる。特別養子縁組とは、実親との親族関係を消滅させ、実親子関係に準じる安定的な養親子関係を家庭裁判所により成立させるもので、原則として六歳未満の子どもに対して適用可能である。児童相談所を通して里親制度の一環として行なわれるケースと、民間団体に委託して行なわれるケースがある。司法統計によれば、二〇一四年の特別養子縁組成立件数は五一三件であった。

施設で暮らす場合は年齢に応じて施設が分かれている。

生後まもなく親と暮らせなくなった場合、「乳児院」に入所する。入所する理由は様々であり、親の病気や死亡、経済的理由、育児放棄、虐待などがある。厚生労働省によると、二〇一三年の入所者数は三一四七人となっている。二歳くらいまでここで過ごした後、親と暮らすことのできない乳児は、里親等に引き取られるか、児童養護施設に入所することになる。

「児童養護施設」は、おおむね二歳から十八歳までの子どもたちが暮らす施設である。施設とはいえ、子どもたちにとっては「家」であり、他の子どもと同様にここで寝て、食べ、生活をする。おこづかいも支給される。施設ごとに運営方針が異なっており、各施設は限られた予算の中で工夫して子どもたちの生活を充実させている。二〇一三年の入所者数は二万九九七九人となっている。里親委託されている子どもの数と比べると、約七倍の数字となっている。児童養護施設退所後は、就職や就学など自立に向けた道を歩んでいく。しかし、就学については本人に経済的な余裕がないことから、奨学金などの経済的援助が受けられない限り、難しい実情がある。この点については、第三章で当事者に対してインタビューを行なっているので詳しく紹介したい。

このように、一口に貧困の子どもといっても、その暮らしは様々である。では、なぜ政府は家庭的養護を推進するのであろうか。それは、施設において集団で暮らす場合、養育者（スタッフ）一人あたりの子どもの数が多くなるため、家庭的養護に比べ、子どもとの関係がどうしても薄くなるからだ。子どもがたとえ親と離れて暮らさざるを得なくても、「あたりまえ」の環境で暮らせるようにしようというのが、政府が家庭的養護を推進する背景である。

子どもの貧困問題は「ジブンゴト」

ここまで子どもの貧困問題の実態をみてきた。「日本に子どもの貧困問題ってあったのか」「貧困状態の子どもはかわいそうだ」などという感想をお持ちになった方も多いだろう。

一方で、こんな感想をお持ちになった方もいると思う。「貧困状態にある子どもは意外に多いらしい。ただ、私の周りにはそんな状態の子どもは六人に一人もいない。だから、やっぱり実感が湧かない」と。当然である。自分に関係してこないかぎり、どんなに深刻な問題でも実感が湧かないものである。「ジブンゴト」として捉えられないのである。

次章では、読者に、より一層「ジブンゴト」として子どもの貧困問題を認識していただくため、子どもの貧困がもたらす経済的影響について日本で初めて計算した、推計レポートの内容を詳しく紹介していく。

第二章　子どもの貧困がもたらす社会的損失

小林　庸平

「子どもの貧困」を「ジブンゴト」にするために何が必要なのか？

前章では様々なデータをご紹介してきた。しかし、多くの人にとっては「日本で子どもの貧困が深刻化しているという実感はない」というのが本音ではないだろうか。

この問題をジブンゴトにしていくためには何が必要なのだろうか。我々が考えたアイディアが、子どもの貧困が与える経済的・社会的影響を具体的な「金額」という形で可視化し、それを世に問うことだった。

貧困でない世帯にとっては、子どもの貧困が深刻化したとしても直接的な影響はないかもしれない。しかし貧困状態にある子どもの教育機会が失われてしまえば、大人になってから生み出す所得が減り、経済が縮小してしまうかもしれない。所得や経済規模が縮小してしまえば、社会としては税収や年金等の社会保険料収入が減少してしまうことになる。加えて、職を失った状態になってしまえば、生活保護や失業給付、職業訓練といった形で支出が増えることにもなってしまう。

つまり、子どもの貧困を放置してしまうと、社会の支え手が減ると同時に、社会に支えられる人が増えてしまうため、めぐりめぐってそのコストを社会全体で負担しなければならない。その結果、他の人がより多くの税金を負担しなければならないか、さもなければ社会保障や教育、インフラといった公的サービスの切り下げを甘受しなければならない。

子どもの貧困問題については、家庭の経済格差が子どもの教育格差を生み、将来の所得格差につながる「貧困の連鎖（世代間再生産）」が問題となっている。そうした貧困の連鎖が及ぼす経済的・社会的影響を具体的な金額として示すことができれば、この問題をジブンゴトとして捉えられる人が増えるのではないか。そう考えて行ったのが日本財団・三菱ＵＦＪリサーチ＆コンサルティング「子どもの貧困の社会的損失推計」である。本章ではその背景や考え方、具体的な推計結果をお示ししたい。

推計における子どもの貧困の定義

子どもの貧困の社会的損失を推計するためには、どういった子どもが貧困状態なのかをはじめに定義しなければならない。前章では子どもの貧困に関する定義として「相対的貧困」を紹介したが、本書の社会的損失推計では、現在十五歳の子ども約一二〇万人のうち、生活保護世帯の約二万二〇〇〇人、児童養護施設の約二〇〇〇人、ひとり親世帯の約一五万五〇〇〇人、合計約一八万人を、「貧困状態にある子ども」と便宜的に定義したい。

今回の推計の主眼は、子どもの頃の経済格差が教育格差を生み、それが将来の所得格差を生みだす連鎖構造によって、どのような経済的・社会的影響が発生するのか可視化することである。そのためには、経済的な格差によって、進学率や中退率といった面での教育格差がどの程度生まれているかを把握する必要がある。

相対的貧困という考え方は広く用いられており、国際比較も容易な有用な指標である。しかし、相対的貧困状態の子どもとそうではない子どもの間で、教育格差がどの程度生まれているかを把握することが出来ない。なぜなら、貧困が教育格差をどの程度生みだしているかを把握するためには、子どもたちの進路を追跡調査しなければならないが、それは容易ではないからである。少なくとも日本には有用な統計データがほとんど存在しない。

一方、生活保護世帯、児童養護施設、ひとり親世帯については、進学率や中退率、就職率といった指標に紐づいた統計データが存在する。そのため、本書ではこうした世帯の子どもたちを、「貧困」と定義し、議論を進めていくことにする。

第一章の図表6はそうした経済状況別の教育格差を、進学率・就職率・中退率といった指標について全世帯と比較する形で示したものだったが、貧困世帯の子どもは高等学校や大学への進学率が低く、中学校・高等学校卒業後就職率や高等学校等中退率が高くなっている。

例えば、全体では98％以上の子どもたちが高校に進学するなかで、生活保護世帯では90％程度に留まっていることは、経済的格差が教育格差につながっていることを示唆しているし、高等学校等中退率をみても、全世帯が1・7％であるのに対して、生活保護世帯はその三倍の5・3％である。しかもこれは一年あたりの中退率であるため、高校三年間の累積で考えると、高校に入学したとしても約16％の子どもたちが卒業前に中退してしまう計算になる。大学等進学率でみても、生活保護世帯の子どもたちは全世帯の半分以下に留まっている。

「子どもの貧困の社会的損失推計」の基本的な考え方

本書では、子どもの貧困を放置したケースを「現状放置シナリオ」と呼び、子どもの貧困対策を行ったケースを「改善シナリオ」と呼ぶ。それぞれのシナリオの概要は図表8の通りである。

現状放置シナリオでは、貧困世帯の子どもの進学率・中退率が現状のまま放置されると仮定する。

図表8　現状放置シナリオと改善シナリオ

現状放置シナリオ	「貧困世帯の子ども」の進学率、中退率が現状のままのケース
改善シナリオ	高校進学率及び高校中退率が非貧困世帯並みになり、かつ、貧困世帯の子どもの大学等進学率が22%上昇する（海外研究事例より）こととなったケース

改善シナリオでは、貧困世帯の子どもの高校進学率および中退率が非貧困世帯並みになり、かつ大学等進学率が22％上昇すると仮定する。大学等進学率の上昇幅については、海外における研究事例を参考にして設定した（第五章で詳述）。つまり改善シナリオとは、子どもの貧困対策の効果が表れ進学率や中退率が改善された場合の、シミュレーションケースであるとお考えいただきたい。

進学率や中退率が現状のまま放置されてしまうと、中学卒業や高校卒業が最終学歴となる人や、高校中退者が増加してしまう一方で、大学卒業者が減少してしまう。最終学歴が悪化してしまうと、非正社員や無業者が増加し、正社員になれる人は減少してしまう。正社員の場合、所得が高く、納める税金や社会保険料の額も多くなるが、社会保障給付は少なくなる。逆に無業者の場合、所得はゼロであり税や社会保険料の負担額は少なくなるが、生活保護などの社会保障給付は増加することになる。

つまり、学歴が低下し就業形態が悪化すると、所得が減少し、税収や社会保険料収入も減少してしまうと共に、無業者の増加によって、生活保護などの公的支出は増えてしまうのである。

本書ではこうした考え方に基づいて、改善シナリオと現状放置シナリオのそれぞれについて次のような計算を行っている。

まず、貧困状態にある現在の十五歳の子どもが、一生涯（便宜上、十九歳から六十四歳まで）に得る毎年の所得金額を計算する。そして、その所得から支払われる所得税額や社会保険料額を計算する。これらは政府から見ると収入になる。

次に、彼らが受け取る医療給付や生活保護費といった社会保障給付額を計算する。これは政府からみると支出となる。

最後に、以上の計算で得られた金額を社会全体で合計する。具体的に言うと、正社員数、非正社員数、無業者数といった就業形態別の人数に一人当たりの平均的な所得額、税・社会保険料負担額、社会保障給付額を掛け算することにより、社会全体での金額を計算することができる。改善シナリオと現状放置シナリオの両方で金額を算出し、その差分を「社会的損失」と定義している。

図表9　社会的損失推計

	改善シナリオ	現状放置シナリオ	社会的損失
就業者数	100人	70人	
所得（500万円×就業者数）	5億円	3.5億円	1.5億円
財政収入（A－B）	9000万円	6000万円	3000万円
A. 税・社会保険料負担額（100万円×就業者数）	1億円	7000万円	
B. 社会保障給付額（10万円×人口）	1000万円	1000万円	

日本の人口を一〇〇人だと仮定して、図表9の数値例を用いて考えてみよう。例えば、改善シナリオでは一〇〇人全員が就業していて、一人当たり所得が五〇〇万円、税・社会保険料負担額が一〇〇万円だとしよう。就業者一〇〇人分の合計所得は五億円で、税・社会保険料負担額が一億円となる。一方、社会保障給付は働いているかどうかに関係なく一人当たり一〇万円受給しているとすると、人口一〇〇人分の社会保障給付額の合計は一〇〇〇万円となる。政府の視点からみると、税収や社会保険料収入として入ってくる分が一億円で、社会保障給付額として出ていく分が一〇〇〇万円となるため、その差分の九〇〇〇万円が財政の改善に寄与することになる。

次に、現状放置シナリオでは、一〇〇人のうち七〇人しか就業していないと仮定しよう。この場合、就業者七〇人分の合計所得は三億五〇〇〇万円、税・社会保険料負担額が七〇〇〇万円となるが、社会保障給付額は一〇〇人全員が受け取るため、改善シナリオと同じ一〇〇〇万円となる。政府の視点からみると、財政収入は六〇〇〇万円となる。

改善シナリオと現状放置シナリオを比較すると、所得は一億五〇〇〇万円減少し、財政収入は三〇〇〇万円減少する。これらが本書で推計している「社会的損失」である。子どもの貧困を放置することで経済や財政が悪化すれば、社会保障給付や公共サービスを削減せざるを得なくなったり、税負担を増加せざるを得なくなったりしてしまい、社会全体に負担が圧し掛かってくるのである。

推計の対象外としている要素

以上が社会的損失推計の基本的な枠組みだが、本書で考慮している要素は、子どもの貧困を放置した場合の影響の一部しか捉えていないことに注意していただきたい。例えば、次のような要因は子どもの貧困の社会的損失を考えるうえで重要な要素である。

第一は治安への影響である。子どもの貧困を放置すると、犯罪に関与してしまう子どもの増加が予想される。犯罪の増加は社会の安心感を失わせてしまうとともに、取り締まりのコストを高めたり、社会復帰プログラムへの支出が必要になってしまったりする。

第二は結婚や出産への影響である。日本では婚姻率や出生率が低迷しているが、その一因は経済的問題である。子どもの貧困の放置によって将来の所得が下がってしまうと、結婚や出産のハードルが上がってしまい、少子化をさらに進めてしまうことが懸念される。

第三は貧困の再生産である。子どもの貧困が放置され、大人になってからの所得が下がってしまうと、次世代の子どもの貧困が増えてしまう。経済格差は教育格差につながってしまうため、貧困が再生産されることになってしまう。

子どもの貧困を考える上でこうした要素を無視することはできない。海外の研究では子どもの貧困の社会的損失のうち、大きな割合を占めているのは治安への影響である。しかしながら、これらは推計上の不確定要素が大きいため、今回は計測の対象外としている。その意味で、子どもの貧困が生み出す本当の社会的損失はもっと大きい可能性があり、本書の推計は控えめな数値であることに留意していただきたい。

生活保護世帯、児童養護施設、ひとり親世帯の子どもの現状

本書では、統計の便宜上、生活保護世帯、児童養護施設、ひとり親世帯の子どもを「貧

困」と定義したが、こうした子どもたちが本当に貧困状態にあるのか疑問を持たれる方もいると思う。確かに、ひとり親世帯であっても所得が高い家庭はあるし、最近は児童養護施設でも大学進学のための資金援助や生活支援をおこなっているところが出てきており、生活や進学が厳しいとは言えないケースもある。そこで社会的損失推計の前提として、これらの子どもたちが置かれている状況を概観しておきたい。

　生活保護世帯の子どもは、言うまでもなく生活保護費を受給している家庭の子どもである。生活保護費を受給するための条件はいくつかあるが、収入が最低生活費を下回っていることがひとつの条件となる。例えば東京都区部等で夫婦（三十三歳・二十九歳）と四歳の子どもの世帯の場合、最低生活費は約一五万八〇〇〇円となり、かなり生活が苦しい水準であることが分かる。二〇一四年時点の日本の〇～十九歳人口は総務省「人口推計」によると二二二四万人だが、厚生労働省「被保護者調査」によると生活保護世帯に属する同年齢の子どもは二八万六〇〇〇人で全体の1・3％となっている。二〇〇〇年時点の割合は0・7％であったため、この期間にほぼ倍増していることが分かる。

　児童養護施設とは、保護者のいない原則十八歳未満の子どもや虐待されている子ども、親の健康上・経済上の理由で養護を要する子どものための施設である。児童養護施設にいる子どもは厚生労働省「児童養護施設入所児童等調査」によると二〇一二年度時点で約三万人である。二〇〇二年度時点でも約三万人であり、少子化が進んでいるにも関わらず、児童養護施設にいる子どもの数は減少していない。

ひとり親世帯については、そのすべてが貧困状態にある訳ではないが、とりわけ母子世帯の経済状況は厳しい。厚生労働省「ひとり親家庭等の現状について」(二〇一五年四月二十日)によると、大人が二人以上いる世帯の相対的貧困率が12・4%であるのに対して、ひとり親世帯の場合は54・6%となっている。所得水準でみても女性の平均所得が二六九万円であるのに対して母子世帯の場合は一八一万円となっている。全世帯の生活保護受給率は3・2%だが、母子世帯の場合は14・4%、父子世帯の場合は8・0%と非常に高くなっている。前章で見たとおり、ひとり親世帯は数自体も増加してきている。このように、ひとり親世帯、とりわけ母子世帯が置かれた経済的環境は厳しく、ひとり親世帯の増加と相まって子どもの貧困を深刻化させていることが分かる。

子どもの貧困は何をもたらすのか? 国内のデータからの概観

前述のとおり、貧困家庭の子どもは全体的に進学率が低く、中学校・高校卒業後就職率や中退率が高い。もちろん、こうした格差が経済的要因のみに起因するかは明らかではないが、子ども期の経済的格差が教育格差を生み出している可能性は高い。

　こうした教育格差は何をもたらすのだろうか。本節では、子どもの貧困の影響を、学歴別の就業状態や所得水準といった統計データから明らかにしていきたい。日本社会では正社員であっても非正社員であっても、若いころの所得にはあまり大きな差はないが、年齢を経るにつれてその差が大きくなっていく。そこで以下では、四十歳時点をひとつの基準にして、学歴別の就業状態や所得水準を比較していきたい。

　図表10は四十歳時点での就業率（何らかの職についている人の割合）を性別・学歴別に示したものである。男性か女性かを問わず学歴が高まるほど就業率が上がることが分かる。特に、最終学歴が中学卒なのか高校卒なのかによって、就業率の差は大きくなる。男性の場合、中学卒だと四十歳時点の就業率は76・6％に過ぎないが、高校卒だと89・9％まで上昇する。女性の場合も、中学卒の場合の就業率は56・4％だが、高校卒だと67・7％まで上昇する。男性であっても女性であっても、中学卒か高校卒かによって就業率が10％以上も異なるのである。

　次に雇用の中身を見てみよう。図表11は、四十歳時点において、就業者に占める正規雇

図表 10　性別・学歴別の 40 歳時点の就業率

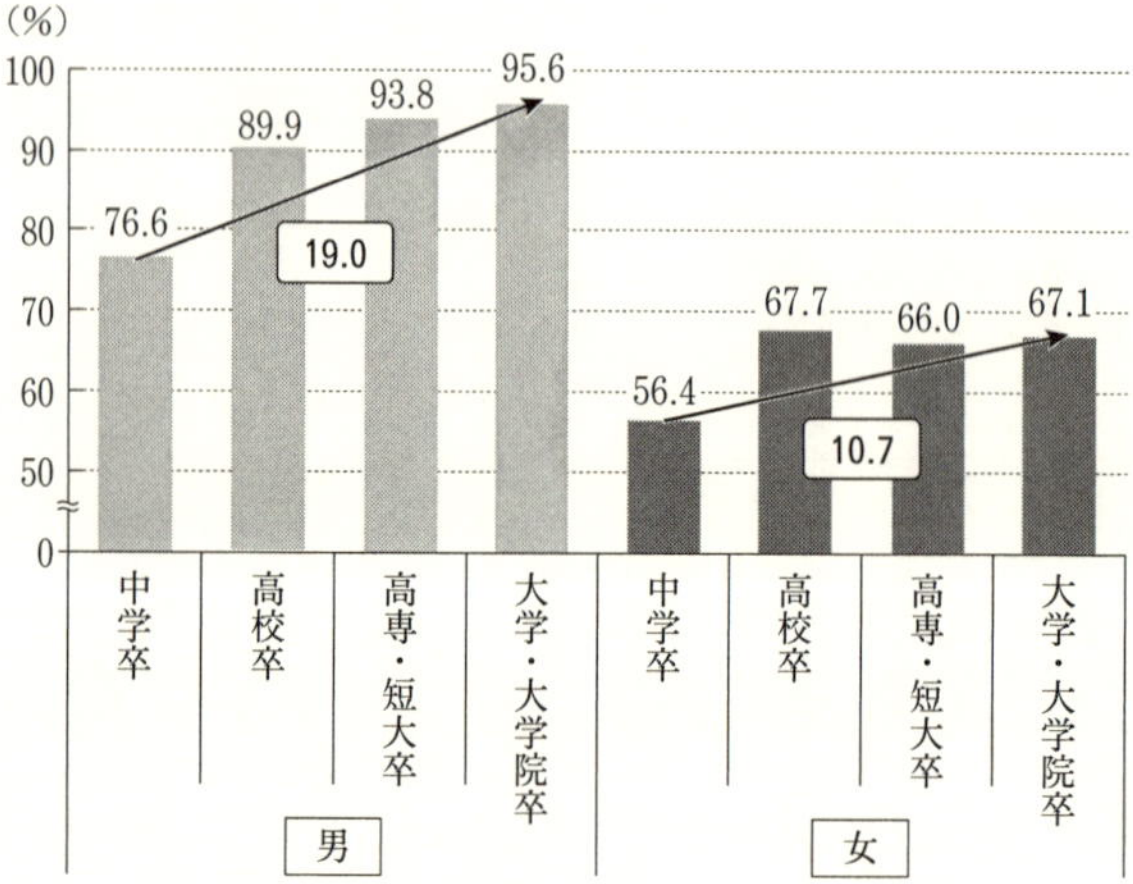

（出所）総務省「平成 22 年国勢調査」
作成方法は、日本財団・三菱 UFJ リサーチ＆コンサルティング（2015）「子どもの貧困の社会的損失推計」参照

用者の割合を性別・学歴別に示したものである。グラフを見ると、男性か女性かを問わず、学歴が高まるほど正規雇用者になりやすいことが明確に分かる。例えば働いている中学卒の男性の場合、正規雇用なのは60・5％に留まるが、大学・大学院卒だと85・6％が正規雇用である。女性についても、中学卒だと正規雇用者は24・4％だが、大学・大学院卒だと56・3％まで上昇する。中学卒か大学・大学院卒かによって、正規雇用になる割合がなんと25％以上も違ってくるのである。

図表 11　40 歳時点の就業者に占める正規雇用者の割合

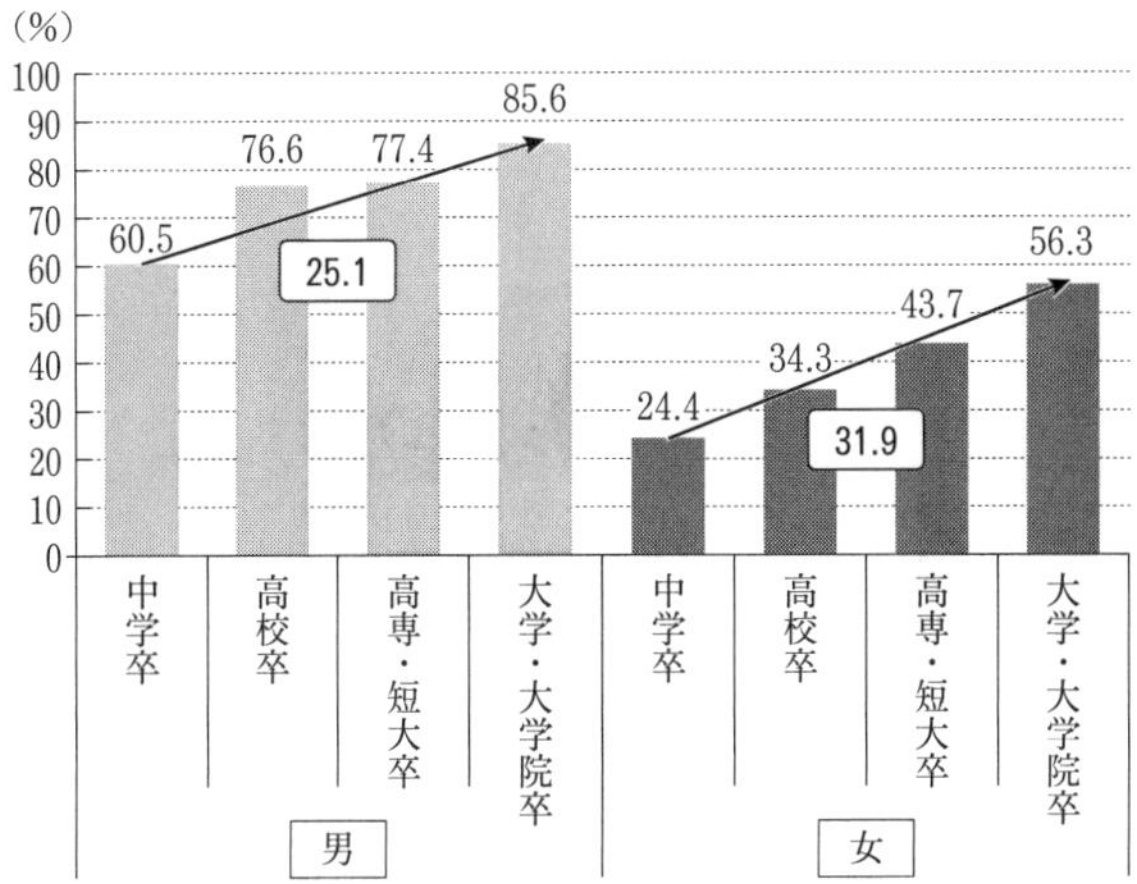

（出所）総務省「平成 22 年国勢調査」
作成方法は、日本財団・三菱 UFJ リサーチ＆コンサルティング（2015）「子どもの貧困の社会的損失推計」参照

最後に所得水準をみてみよう。図表12は、四十歳時点における年間給与を性別・雇用形態別・学歴別に示したものである。以下の二つの傾向が顕著に表れている。

まずは、雇用形態別の賃金格差である。性別に関わらず正社員と非正社員やパートタイムでは賃金格差が非常に大きい。例えば同じ大学・大学院卒男性であっても、正社員だと年収は六七六万円だが、非正社員だと三八七万円に留まる。学歴が同じであっても、雇用形態の違いによって三〇〇万円近い所得格差が生じているのである。パ

図表12　40歳時点における性別・雇用形態別・学歴別平均年収（有業者）

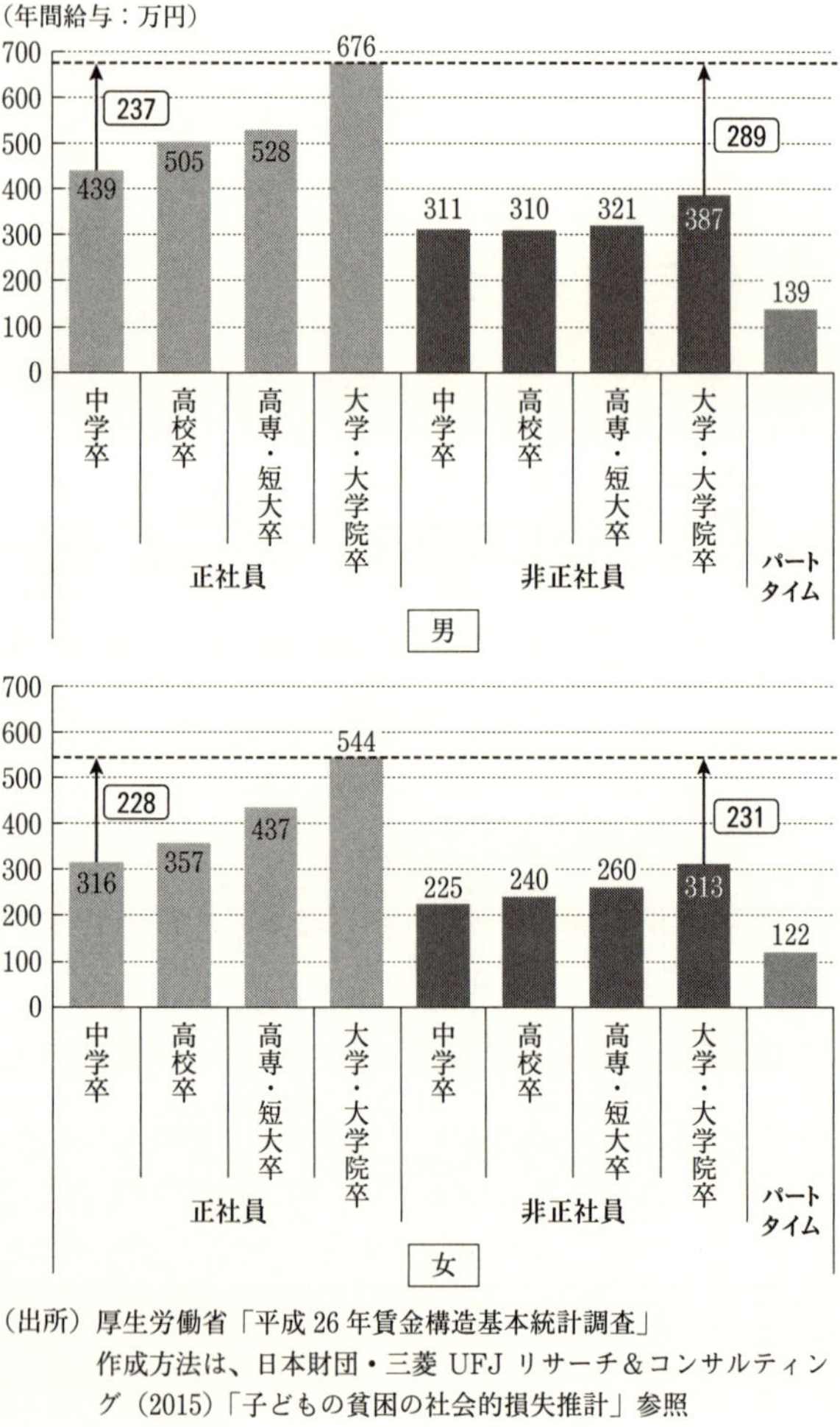

（出所）厚生労働省「平成26年賃金構造基本統計調査」
作成方法は、日本財団・三菱UFJリサーチ&コンサルティング（2015）「子どもの貧困の社会的損失推計」参照

ートタイムの年収は学歴別に分かれていないが一三九万円となっている。女性についても、大学・大学院卒の正社員であれば年収は五四四万円だが、非正社員だと三一三万円に留まっており、こちらも二〇〇万円以上の所得格差が生まれている。

次に、学歴間の賃金格差である。学歴間の賃金格差は正社員において特に大きく、正社員の男性の場合、中学卒だと年収は四三九万円だが、大学・大学院卒だと六七六万円であり、女性の場合も中学卒だと三一六万円だが、大学・大学院卒だと五四四万円であり、いずれも二〇〇万円以上の差が生じている。

つまり、教育格差はトリプルパンチで経済格差を生み出しているのだ。

第一は就業率の格差である。学歴が低位に留まってしまうと、最大で20％近く就業率に差が出てしまう。

第二は雇用形態の格差である。仮に就業できたとしても、学歴が低位に留まってしまうと、非正規雇用となってしまう可能性が高い。正規雇用になれるかどうかの割合は、学歴によって最大で25％以上もの差が生じている。

第一の就業率の格差と第二の雇用形態の格差は、中学卒か高校卒かで大きな違いがある

図表13 性別・経済状況別の最終学歴人口割合

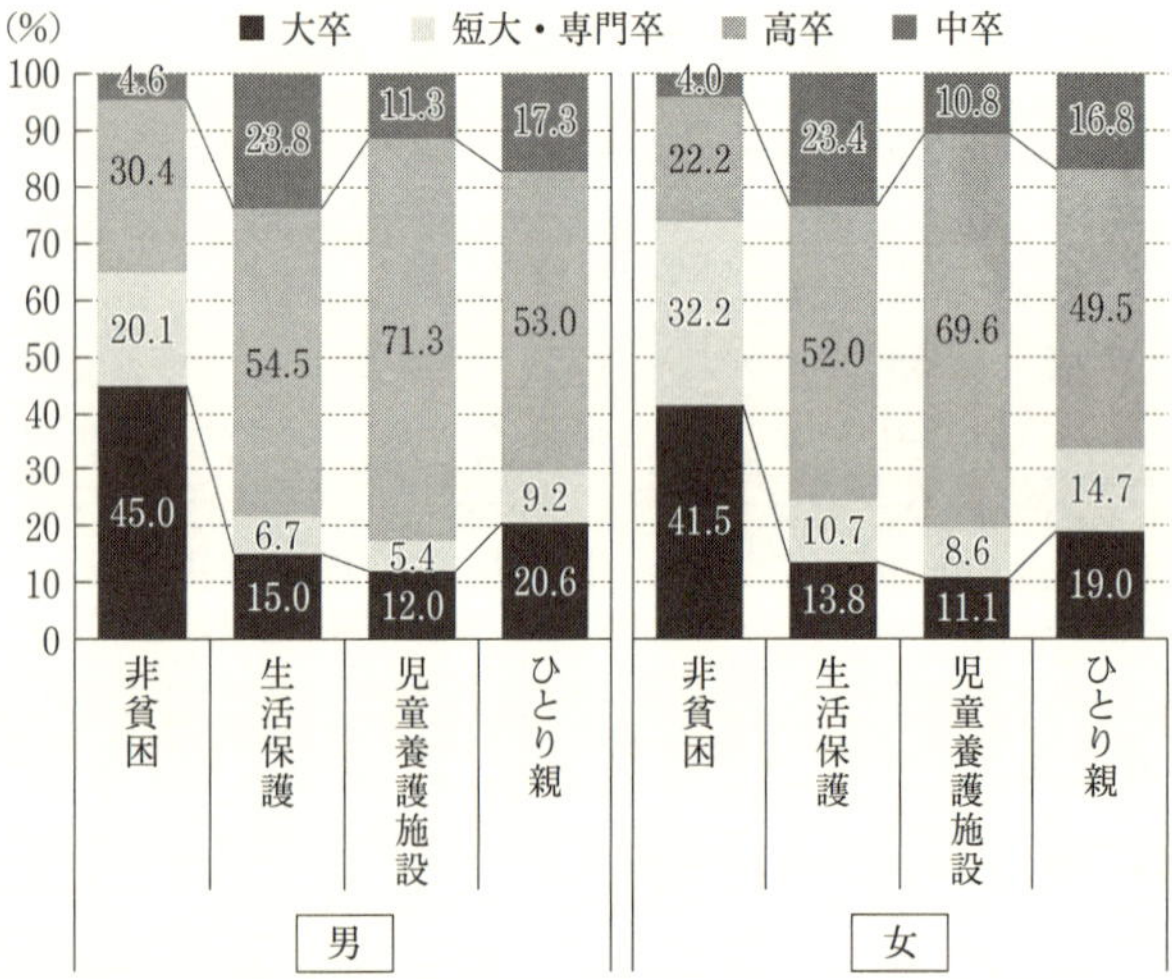

（出所）日本財団・三菱 UFJ リサーチ＆コンサルティング（2015）「子どもの貧困の社会的損失推計」

ため、貧困世帯であったとしても、最低でも高校までは卒業できるように政策的・社会的に支援をしていくことの重要性が見えてくる。

一方、第三の所得格差は、大卒か否かで差が大きい。同じ雇用形態であったとしても、学歴間の所得格差は大きく、とりわけ正社員については大卒かどうかで所得格差が大きくなっている。

こうした三つの格差が相まって、教育格差が経済格差につながっているのである。

貧困世帯の子どもは高校進学率が低く、高校中退率が高いため、最終学歴が中卒もしくは高校中退となってしまうケースが多い。第一章の図表6に示した進学率・中退率・就職率の数値を用いて、最終学歴別の人口割合が経済状況別にどのようになるかを推計したものが図表13である。これをみると一目瞭然だが、例えば非貧困世帯出身の男性の場合、最終学歴が中卒となるのはわずか4・6％だが、生活保護世帯の場合は四分の一に近い23・8％が中卒であり、非貧困世帯のなんと五倍以上である。この事実からも、子どもの貧困が教育格差を生み、社会に出てからの経済格差を生みだし、貧困を再生産させていることが分かるのである。

学歴から教育状況を把握する意味

以上では雇用形態や所得水準の違いを学歴を軸に見てきた。子どもの貧困の社会的損失推計の議論からは少し脱線するが、なぜ学歴によって教育状況を把握するのか、そして教育投資に価値はあるのかについて二点ほど指摘しておきたい。

第一が統計上の制約である。教育の目的は、自らの知識や教養を高めたり、社会で役立つスキルを身につけたりすることであり、学歴を得ることが目的ではない。本書の推計の目的は、貧困によって教育投資が少なくなってしまうことによる社会的な影響を可視化することである。そのためには、子どもたちが受ける教育水準を何らかの形で測定する必要があり、統計的に把握が容易な学歴を用いて分析を行っている。しかしこれはあくまでも便宜上であり、学歴は、教育水準の指標のひとつに過ぎないことにご注意いただきたい。

第二に、それでもなお、特に貧困状態の子どもにとっては、教育は重要な問題である。貧困によって不利な状態に置かれた子どもにとって、教育はそれらを跳ね返す手段になり得る。児童養護施設の運営に長年携わってきた高橋利一氏の以下のような指摘を紹介しておきたい。

世間では今、学歴がすべてではないと言われていますが、施設にいる子どもにとっては、学歴は非常に大きな武器になります。過去の連鎖するいろいろな問題を断ち切るためには、武器の数は多いに越したことはない。（池上彰編『日本の大課題　子どもの貧困―社会的養護の現場から考える』ちくま新書、二〇一五）

教育に関する二つの仮説

教育投資によって大学等への進学率を高めることが、将来の収入増加や就業環境の改善につながるという考え方には異論もあると思う。実際、日本の大学は「レジャーランド」だと揶揄されるようになって久しい。日本の大学は入学するまでの受験競争は厳しいが、入学してからの四年間は遊んでいても卒業することができるため、ほとんど勉強する必要がなく、大学に進学したとしても能力やスキルの向上は見込めないというのである。だから、大学に行かせる必要はなく、別の手段で能力やスキルを高めるほうがよいのではないかという考え方だ。

学歴の高い人ほど所得が高くなるという事実を説明する考え方として、経済学では主として二つの仮説が主張されている。ひとつが「シグナリング仮説」である。シグナリング仮説では、個人が高い学歴を得ようとするのは自分の能力の高さをアピールすることが目的であり、大学で学んでも能力やスキルは向上しないと考える。シグナリング仮説に基づくと、大学を卒業できるだけの潜在的な能力を示す（学歴を自分の能力のシグナルとして利用する）ことだけが学歴の意味であり、大学教育自体には意味がないことになる。大学を「レジャーランド」と考える人は無意識的にシグナリング仮説の考え方に従っていると言えるだろう。

もうひとつの仮説が「人的資本仮説」である。人的資本仮説の考え方はシンプルであり、教育を受けることによって労働者の能力やスキルが向上するため、学歴が高いほど所得が高くなる、というものだ。これは教育自体に価値があるとする考え方である。

学歴の高さは今後も高い収入につながっていくのか？

現実社会では、シグナリング仮説と人的資本仮説のどちらの議論がより説得的なのだろうか。おそらく両者の要素がそれぞれ所得に影響を与えていると考えられるが、国内外の実証研究は人的資本仮説をより強く支持するケースが多い。それを理解するために簡単なグラフをひとつお示ししたい。

図表14は、男性の大学進学率（左目盛り）と大卒・高卒賃金格差（右目盛り）の推移を一九八〇年代から直近まで示したものである。大卒・高卒賃金格差とは、大卒労働者の賃金を高卒労働者の賃金で割って算出したものであり、大卒労働者が高卒労働者の何倍の賃金を得ているかを示す指標である。

大学進学率の推移をみると、一九八〇年代から一九九〇年代初頭までは30％台半ばで推移してきたが、その後急速に上昇し、現在では50％台半ばまで上昇している。これは大学の定員増加と十八歳人口の減少が大きな要因である。大学進学率の分子は大学進学者数で

図表14　大学進学率と大卒・高卒賃金格差の推移（男性）

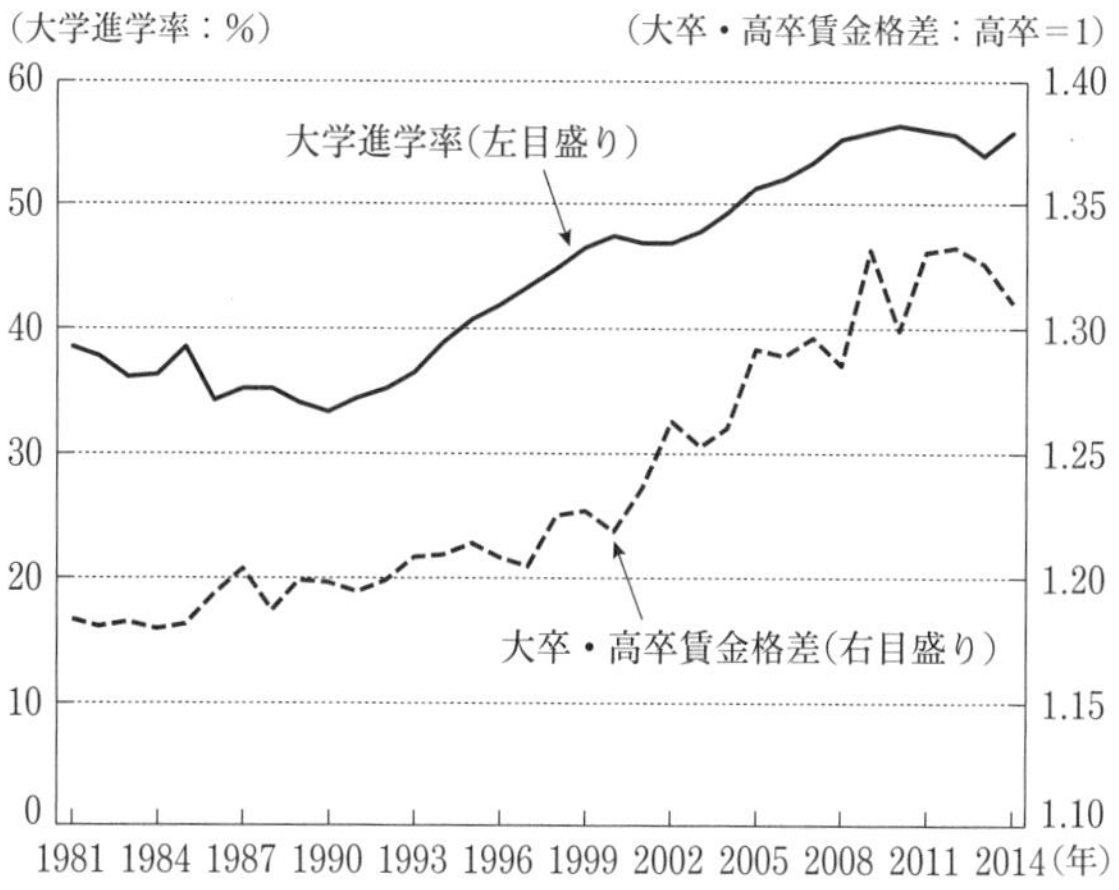

（出所）厚生労働省「賃金構造基本統計調査」、文部科学省「学校基本調査」
（注）男性の数値。賃金は一般労働者の「きまって支給する現金給与額」

あり、分母は高校卒業者数だが、大学定員の増加によって分子が増え、十八歳人口の減少によって分母が減ったため、大学進学率が上昇したのである。大卒・高卒賃金格差の推移をみると、一九九〇年代半ばまではおよそ一・二倍程度（大卒労働者の方が高卒労働者よりも賃金が20％程度高い水準）で推移してきたが、二〇〇〇年代に入って格差が大きくなりはじめ、現在では一・三倍を超える水準となっている。

もし、大学教育が無価値であり、また大学進学率の上昇が大学の定

図表15　定型的業務の就業者割合（アメリカ）

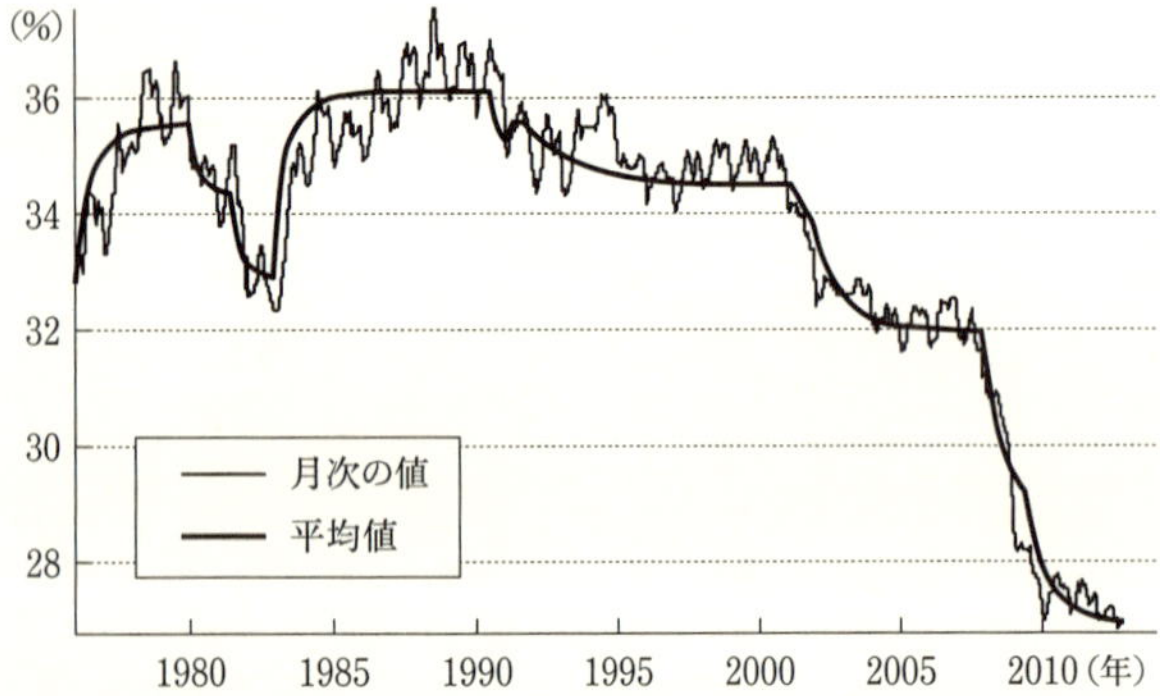

（出所）Cortes et al.（2014）“The Micro and Macro of Disappearing Routine Jobs: A Flows Approach” NBER Working Paper No. 20307

員増加と十八歳人口の減少によるものであるならば、進学率の上昇に伴って能力の低い大卒労働者が増加することになる。賃金が労働市場の需要と供給によって決まるのであれば、大卒労働者の供給が増えれば賃金は下がることになるが、実際の統計ではそうなっていない。

つまり、大卒労働者の供給が増加する以上のスピードで、大卒労働者に対する需要が高まっているのだと考えられる。やはり、進学率を高めることは、将来の収入増へとつながっているのである。

こうした背景には、産業構造の変化やグローバル化によって、労働市場における教育投資の価値が高まっているからだと考え

図表16　付加価値貢献度が高まった業務工程（製造業）

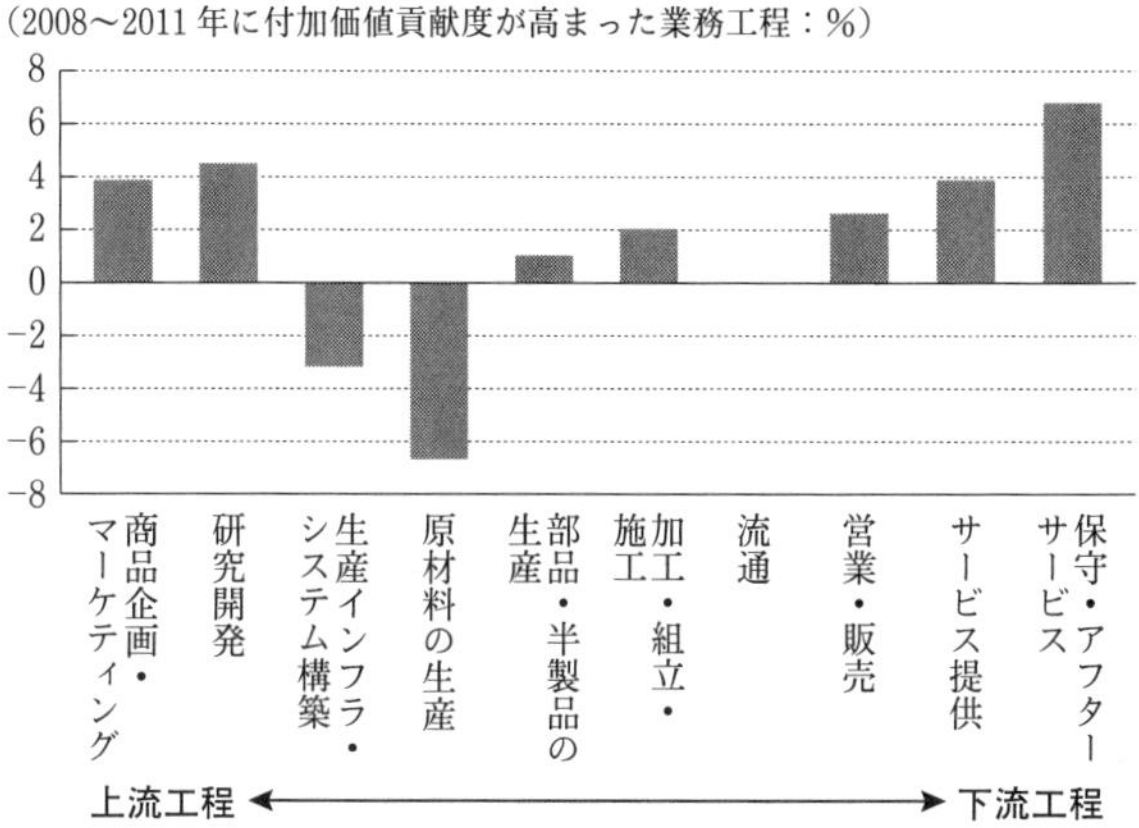

（出所）経済産業省産（2012）業構造審議会新産業構造部会報告書「経済社会ビジョン『成熟』と『多様性』を力に」

られる。図表15は、アメリカにおける定型的業務の就業者割合の推移を示したものである。定型的業務とは、仕事の内容や手順が決まり切った業務のことである。グラフをみると、二〇〇〇年以降、定型的業務の割合が大きく減少してきている。

また図表16は日本の製造業に対するアンケート結果であり、横軸には商品企画・マーケティングや研究開発といった上流工程から、生産・加工といった中流工程、そして販売やサービスといった下流工程を並べている。

クルマづくりを例にとると、燃費を改善するための研究開発やクルマのデザインなどが上流工程、部材の生産や組立が中流工程、販売やその後の保険サービスやメンテナンスサービスなどが下流工程に相当する。縦軸は、二〇〇八年～二〇一一年にかけての各工程の付加価値貢献度の変化を表している。付加価値貢献度がプラスになっている工程は、製造業の競争力を考える上で重要性が高まっている部分であり、マイナスになっている工程は重要性が低下している部分である。

グラフから一目瞭然だが、製造業の業務工程のうち、上流工程と下流工程の付加価値貢献度が高まっている一方で、中流工程の付加価値貢献度が低下、もしくはほとんど変化していないことが分かる。上流工程や下流工程は企画や研究開発、サービス提供といった「非定型的」な業務が中心であり、中流工程は加工・組立といった「定型的」な業務が中心である。そのため日本でもアメリカと同様に、非定型的な業務に対する需要が高まり、定型的な業務に対する需要が低下していることがうかがえる。人工知能やロボットの発展によって、こうした傾向にますます拍車がかかることが予想される。

現在でも、子ども期の経済格差が教育格差を生み、それが社会に出てからの所得格差につながっているが、非定型的な業務が増加することで高等教育の価値がますます高まっていけば、子どもの貧困がもたらす社会的な損失は今後さらに大きくなっていく。

社会的損失①　大卒は半減し、中卒は四倍増に

いよいよここからは、子どもの貧困を放置したことによる社会的損失を、①学歴別・就業形態別人口、②一人当たり所得および財政収入、③社会全体の所得および財政収入の合計値、という三つの観点から明らかにしていきたい。

前述の通り、本書の推計では貧困世帯の子どもの進学率・中退率を現状のまま放置したケースを「現状放置シナリオ」と呼び、進学率・中退率が改善するケースを「改善シナリオ」と呼ぶ。改善シナリオと現状放置シナリオのそれぞれについて、現在の十五歳約一二〇万人のうち貧困状態にある約一八万人の子どもが一生涯（十九歳から六十四歳まで）に得る所得額、負担する所得税額および社会保険料額、受給する社会保障給付額を計算し、その差分を社会的損失と定義して推計を行う。

図表17は学歴別・就業形態別人口をシナリオ別に示したものである。はじめに子どもの貧困対策が進み、貧困世帯の進学率・中退率が改善するケースを見てみよう。子どもの貧困が改善されると、最終的に大学を卒業する子どもが六万二〇〇〇人となり、貧困状態にある子ども一八万人のうち約三分の一が大学を卒業することになる。短大・高専・専門学

図表17　改善シナリオと現状放置シナリオの学歴別・就業別人口

学　　歴	改　善 シナリオ	現状放置 シナリオ	放置した場合…
大　　卒	6.2万人	3.4万人	**2.7万人 減少**
短大・専門学校卒	3.7万人	2.1万人	**1.6万人 減少**
高　　卒	7.4万人	9.3万人	1.9万人 増加
中 学 卒	0.8万人	3.2万人	**2.4万人 増加**

大学卒業者や短大・専門学校卒業者が大きく減少。中学卒業者が4倍に増加

就 業 形 態	改　善 シナリオ	現状放置 シナリオ	放置した場合…
正社員（正規職員、役員）	9.0万人	8.1万人	**0.9万人 減少**
非正社員（派遣、アルバイト等）	3.3万人	3.6万人	0.3万人 増加
自営業等（上記以外）	1.3万人	1.5万人	0.1万人 増加
無 業 者	4.4万人	4.8万人	0.4万人 増加

正社員が減少し、非正社員や無業者が増加。所得や税収・社会保険料収入が減少

（注）四捨五入の関係で、合計や差分の一致しない箇所がある

校卒が三万七〇〇〇人、高卒が七万四〇〇〇人であり、高卒以上を合計すると一七万二〇〇〇人で全体の95％以上を占めることになる。一方、中卒に留まってしまう子どもは八〇〇〇人で全体の4・3％となる。

それでは、貧困世帯の子どもの進学率・中退率が現状のまま放置された場合はどうなるだろうか。子どもの貧困を現状のまま放置すると、中卒に留まってしまう子どもが三万二〇〇〇人となる。改善シナリオでは八〇〇〇人であるため、子どもの貧困の放置によって中卒に留まる子どもが四倍に増加し、全体の二割近くを占めることになる。

中卒三万二〇〇〇人のうち、二万人は高校中退によるものである。貧困世帯の場合、経済的な要因や家族の要因によって中退率が高く、高校に進学したとしても卒業に至らないことがよく分かる。高卒については、改善シナリオと比較すると一万九〇〇〇人増加し九万三〇〇〇人となる。中卒と高卒を合計すると一二万五〇〇〇人となり、全体の七割近くの子どもが高卒以下の学歴に留まってしまうことになる。図表13に示した通り、非貧困世帯の場合、高卒以下の学歴に留まる子どもは全体の三分の一程度であり、貧困世帯の教育環境の厳しさが見て取れる。短大・専門学校卒は二万一〇〇〇人、大卒は三万四〇〇〇人、合計で五万五〇〇〇人となり、改善シナリオの九万八〇〇〇人と比較するとほぼ半減してしまうことになる。

社会的損失②　非正社員や無業者が一割増加

次に就業形態別人口をみていこう。子どもの貧困が改善されると正社員は九万人となるが、子どもの貧困が放置されると一割減少し八万一〇〇〇人となる。非正社員については、改善シナリオでは三万三〇〇〇人だが、現状放置シナリオでは三万六〇〇〇人となり、子どもの貧困の放置によって非正社員が一割増加することになる。自営業等は改善シナリオ

図表18　子どもの貧困の社会的損失：一人当たり生涯所得

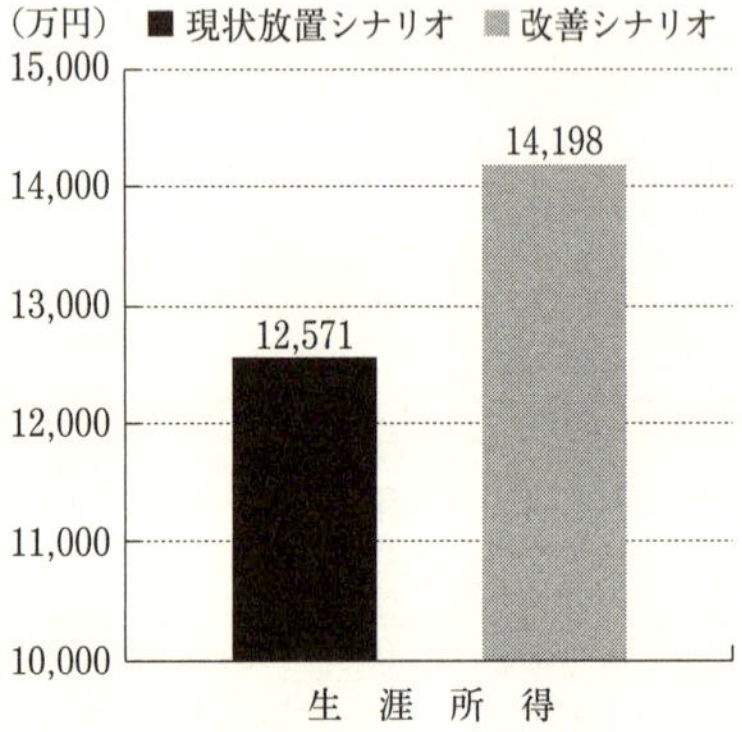

では一万三〇〇〇人だが、現状放置シナリオでは一万五〇〇〇人までやや増加することになる。無業者については、子どもの貧困が改善されると四万四〇〇〇人だが、子どもの貧困が放置されると四〇〇〇人増加し四万八〇〇〇人となる。子どもの貧困を改善することによって社会に出た後の就業状況が改善していることが分かる。

社会的損失③　一人当たりの生涯所得が一六〇〇万円減少

子どもの貧困を放置した場合に、一人ひとりにはどのような影響がでるのだろうか。一人当たり生涯所得という視点から見たのが図表18である。ここでは、現在の十五歳約一二〇万人のうち貧困状態にある約一八万人の子ども一人当たりが、一生涯（十九歳から六十四歳まで）に得る平均的な所得を算出している。

子どもの貧困が改善されると生涯所得は約一億四二〇〇万円となる。今回推計を行った十九歳〜六十四歳までの四十五年間の平均的な年収に換算すると、三一五万円程度となる。生涯所得や年収としては小さく見えるかもしれないが、定年後で働いていない期間や、学生の期間、子育てによって働いていない期間等は年収ゼロで計算しており、それらを含む全体的な平均値であることに留意されたい。

一方、子どもの貧困が現状のまま放置されると、平均的な生涯所得が一六〇〇万円以上減少し、約一億二六〇〇万円となる。これは毎年の所得に換算すると二八〇万円程度であり、毎年三五万円程度の所得が失われる計算になる。子どもの貧困を放置することによって、所得が一割以上失われてしまうのである。

社会的損失④　一人当たりの財政収入が六〇〇万円減少

子どもの貧困を放置することによって生じる損失は個人の所得に留まらない。個人の所得が減少すれば、政府からみると税収や社会保険料収入が減少することになる。また、無業者が増加すれば、生活保護等の社会保障給付が増加することになる。そうした観点から、一生涯における一人当たりの所得税、社会保険料、社会保障給付を示したものが図表19である。

図表19　子どもの貧困の社会的損失：一人当たり財政収入・支出

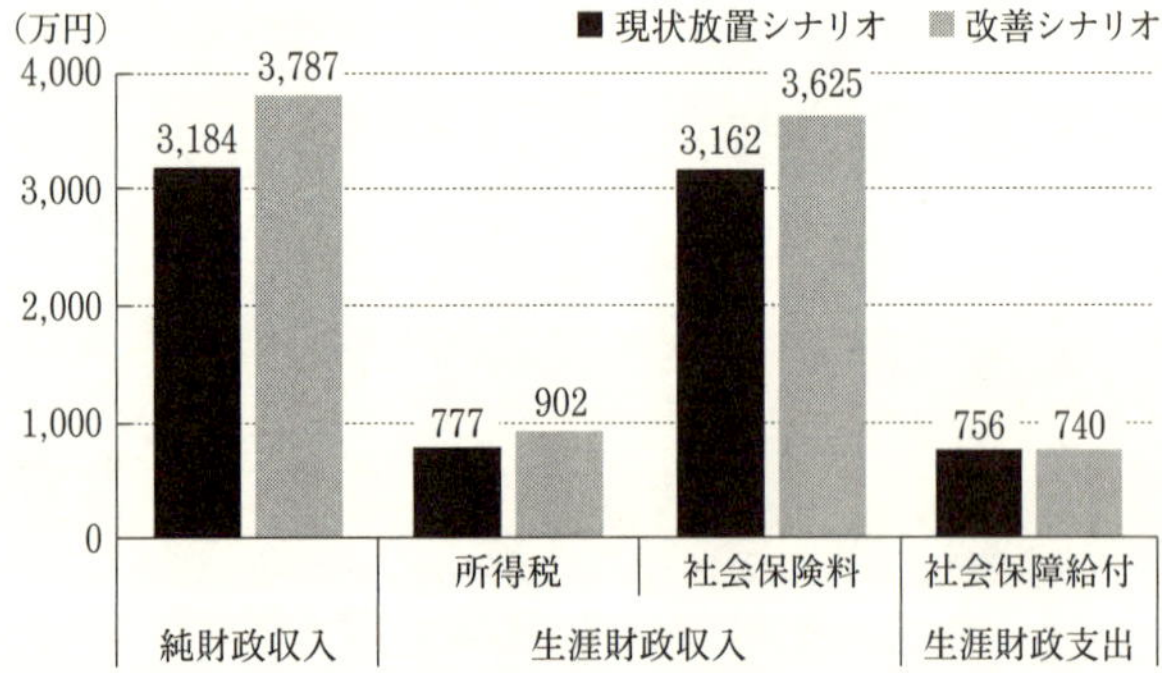

子どもの貧困が改善された場合、一人が一生涯で納める所得税額は約九〇〇万円となる。年金、医療、介護といった社会保険料は、企業負担分も含めて約三六〇〇万円となる。一方、医療や生活保護といった社会保障給付は一人当たり七四〇万円となる。納めた所得税額および社会保険料から受け取った社会保障給付を差し引いた純財政収入は、約三八〇〇万円となる。これは一年当たりに換算すると、八五万円程度となる。つまり、子どもの貧困が改善されれば、将来、そうした子どもたちが社会に支えられる側から支える側に回ることができるため、毎年八五万円程度の財政収入が増え、一生涯で三八〇〇万円もの財政的なプラスを生みだすのである。

一方、子どもの貧困が放置された場合、一人が生涯で納める所得税額は約七八〇万円まで減少し、子どもの貧困が改善した場合と比較すると、一二〇万円以上の税収減をもたらすことになってしまう。社会保険料についても四五〇万円以上減少し、約三一六〇万円に留まってしまう。医療や生活保護などの社会保障給付は一六万円増加し、七五六万円となる。純財政収入を所得税額および社会保険料から社会保障給付を差し引くことで算出すると、改善シナリオと比較して六〇〇万円以上減少し、約三二〇〇万円となる。これは一年あたりで換算すると七〇万円程度であり、貧困が改善した場合と比較すると一五万円程度減少することになる。

社会的損失⑤　所得が四〇兆円超、財政収入が一六兆円失われる

子どもの貧困によって失われる一生涯の所得や財政収入を、現在貧困状態にある十五歳全体で合計するとどうなるのだろうか。子どもの貧困が改善された場合、貧困状態にある子ども約一八万人の生涯合計所得は約二五兆五〇〇〇億円になるが、子どもの貧困が放置された場合は約二二兆六〇〇〇億円まで減少する。その差は二兆九〇〇〇億円である。現在の十五歳全体で計算しても、子どもの貧困の放置によって所得が一割以上失われることになる。これは一年当たりに換算すると約六五〇億円となる。東京スカイツリーの総事業

費が約六五〇億円だが、子どもの貧困を放置することによって、それに匹敵する所得が毎年失われることになるのである。

国家の財政収入への影響はさらに深刻である。子どもの貧困が改善された場合は、もたらされる財政収入は約六兆八〇〇〇億円だが、子どもの貧困が放置された場合は約五兆七〇〇〇億円まで減少し、その差は一兆一〇〇〇億円である。子どもの貧困の放置によって、財政収入がなんと15％以上減少することになる。これを一年当たりで換算すると、毎年約二四〇億円が失われることとなる。

そして二兆九〇〇〇億円の所得減および一兆一〇〇〇億円の財政収入減は、現在の十五歳わずか一学年を対象とした結果である点に注意していただきたい。貧困は全ての学年に及んでおり、子どもたち全員を対象にすると、社会的損失額は膨れ上がることになる。

〇～十五歳の子ども全員を対象として推計を行うと、所得の減少額は四二兆九〇〇〇億円、財政収入の減少額は一五兆九〇〇〇億円に達する。二〇一六年度の日本の国家予算（一般会計）は約九七兆円である。また、二〇一四年度の日本のGDPは約四九〇兆円である。貧困状態に置かれた子ども全員が現状のまま放置されてしまうと、国家予算の約半分、GDPの約一割に匹敵する巨額の社会的な損失が将来発生してしまうのである。

これは一年あたりに換算すると、所得の減少額は約一兆円、財政収入の減少額は約三五〇〇億円となる。ひとり親世帯に対する児童扶養手当は、国と地方の合計で約五〇〇〇億円の支出となっているが、子どもの貧困を放置すると、児童扶養手当の二倍に匹敵する所得がこの国から毎年失われていくのである。また、厚生労働省は二〇一六年度予算において、高校中退防止対策や家庭を訪問しての学習支援・生活相談に関する自治体への補助金を加算するなど、子どもの貧困対策を充実化させてきている。しかしながらその総額は三三億円に留まっており、子どもの貧困を放置することによって失われる毎年の財政収入額三五〇〇億円のわずか1％弱に過ぎない。

家族手当、出産・育児休業手当、保育・就学前教育費等といった家庭・子育て支援のための支出は「家族関係社会支出」と呼ばれている。ここには貧困対策以外の支出も全て含まれているが、日本の家族関係社会支出は六兆四〇〇〇億円（二〇一一年、OECD Social Expenditure Database）、対GDP比で1・4％となっている。家族関係社会支出の規模は他の先進諸国と比較しても低い部類に入っている。

このように、日本全体で子どもに対して使われている支出と比べても、子どもの貧困の社会的損失額は非常に大きな規模であり、効果的な子どもの貧困対策を講じることは、貧困状態にある子どものみならず、社会的にみても将来的に大きなリターンをもたらすことが期待できる。

こうした結果は、子どもの貧困を福祉政策としてだけではなく、社会的な投資として位置づけることの重要性を示している。貧困によって生じている教育格差を解消するためには、それなりの費用を要することは確かである。例えば子どもに対して学習支援を行うためには、講師の人件費や教材費、教室の賃料などが必要となるため、その時点のみに着目するとコストになってしまう。しかし教育格差が解消することによって進学できる子どもたちが増えれば、そうした子どもたちは社会に支えられる側から支える側に回ってくれるようになり、将来的には財政収入を生みだしてくれるのである。

社会的損失を防ぐために何が必要か？　高校中退を防ぐことの重要性

子どもの貧困を放置すると、所得および財政収入の減少という形で、大きな社会的損失が将来的に生まれてしまうことがお分かりいただけたと思う。

前述の通り、子どもの貧困の改善シナリオでは、貧困世帯の子どもたちについて、①高校等の進学率が非貧困世帯並みに上昇する、②高校中退率が非貧困世帯並みに低下する、

図表20　子どもの貧困の社会的損失（0～15歳の合計）：要因分解

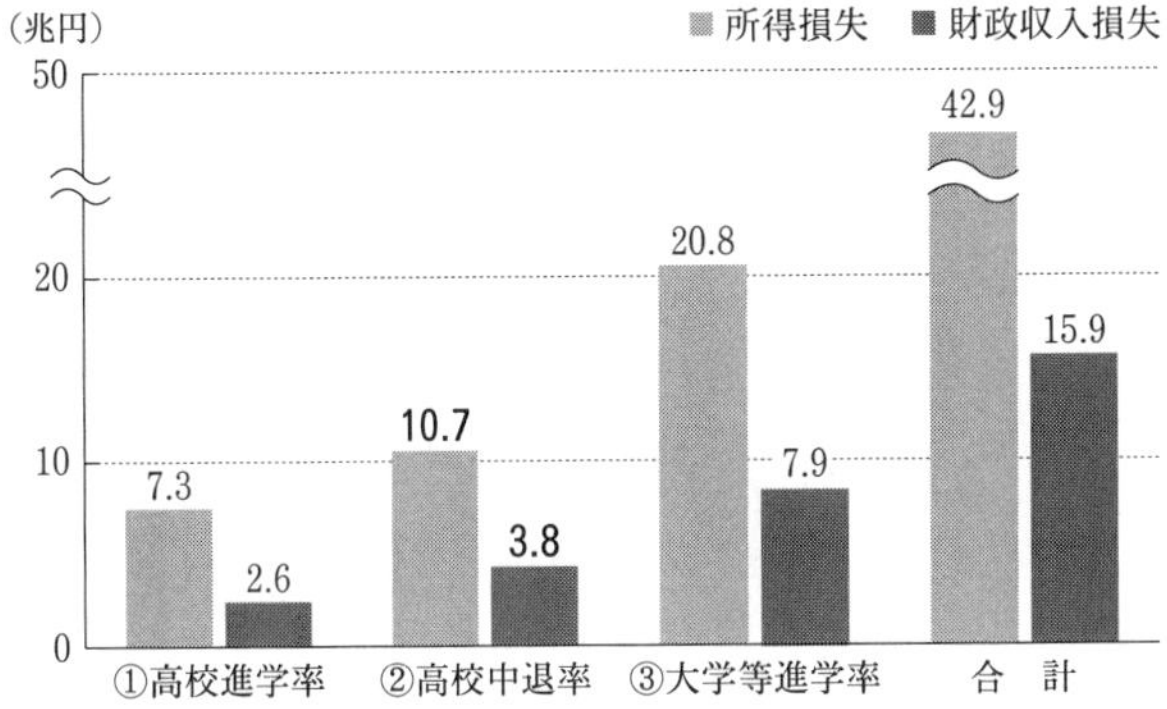

（注）①～③の要因は相互に影響を与えるため、①～③を単純に足しても、「合計」とは一致しない

③大学進学率が22％上昇する、という三つの想定を置いた。これら三つの想定のうち、どの要因が大きな社会的損失を生みだしているのだろうか。要因を分解してみたい。

図表20は、〇～十五歳の子ども全員を対象とした社会的損失推計を、①～③の要因ごとに示したものである。合計所得損失四二兆九〇〇〇億円のうち、半分の約二〇兆円は貧困世帯における大学等進学率の低さによるものである。大学に進学することができれば就業環境や所得の改善が見込まれるが、子どもの貧困に由来する社会的損失を抑制するという意味でも、重要な要素であると言える。財政

収入損失についても、総額一五兆九〇〇〇億円のうち半分の約八兆円は大学進学率要因によってもたらされている。

非常に興味深いのは、高校進学率と高校中退率のインパクトである。所得損失についてみると、貧困世帯の高校進学率の低さによって七兆三〇〇〇億円の、高校中退率の高さによって一〇兆七〇〇〇億円の所得損失がそれぞれ生まれている。財政収入損失についても、前者が二兆六〇〇〇億円であるのに対して、後者は三兆八〇〇〇億円である。ここから見えてくるのは、高校中退を防ぐことの重要性である。

前述の通り、生活保護世帯の高校中退率は全世帯の三倍に達しており、高校に進学できたとしても約15％の子どもたちが卒業前に中退してしまっている。図表10や図表11に示されている通り、中卒と高卒では就業率や正規雇用者割合に大きな差が生まれている。生活困窮者自立支援法に基づく施策は、生涯所得の大きな分岐点である高校進学に重点が置かれているが、本書の推計結果は、高校へ「進学すること」のみを支援するのではなく、高校を「卒業するまで」を支援することの重要性を示していると言える。

都道府県別の損失額

最後に、社会的損失額を都道府県別に見ていこう。〇〜十五歳の子ども全員を対象として推計した所得の減少額四二兆九〇〇〇億円を一年当たりに換算し、それを都道府県別に対GDP（県内総生産）比で示したものが図表21である。

GDPに換算するとやや分かりにくく感じられるかもしれないが、所得の減少額を単純に都道府県別に比較してしまうと、次のような難しさがある。まず、一人当たりの社会的損失が小さかったとしても、子どもの人数が多ければ、社会的損失の合計額も大きくなってしまう。所得の減少額を一人当たりで計算することもできるが、仮に一人当たりの所得の減少額が大きかったとしても、その地域のもともとの所得水準が高ければ、大きな損失とは言えないかもしれない。そこではじめに、子どもの貧困を放置したことによって生じる所得の減少額を、対GDP比で見ていきたい。

もっとも減少額が大きな地域は沖縄である。沖縄県では子どもの貧困の放置によって、GDPの0・47%の所得が毎年失われることになる。これは金額にするとおよそ一八〇億円である。二〇一六年度当初予算において、沖縄県は児童扶養手当費として約二四億円計上している。子どもの貧困の放置によって失われる所得は沖縄県の児童扶養手当予算額を

図表 21　子どもの貧困の社会的損失：
都道府県別の所得減少額（一年当たり対 GDP 比）

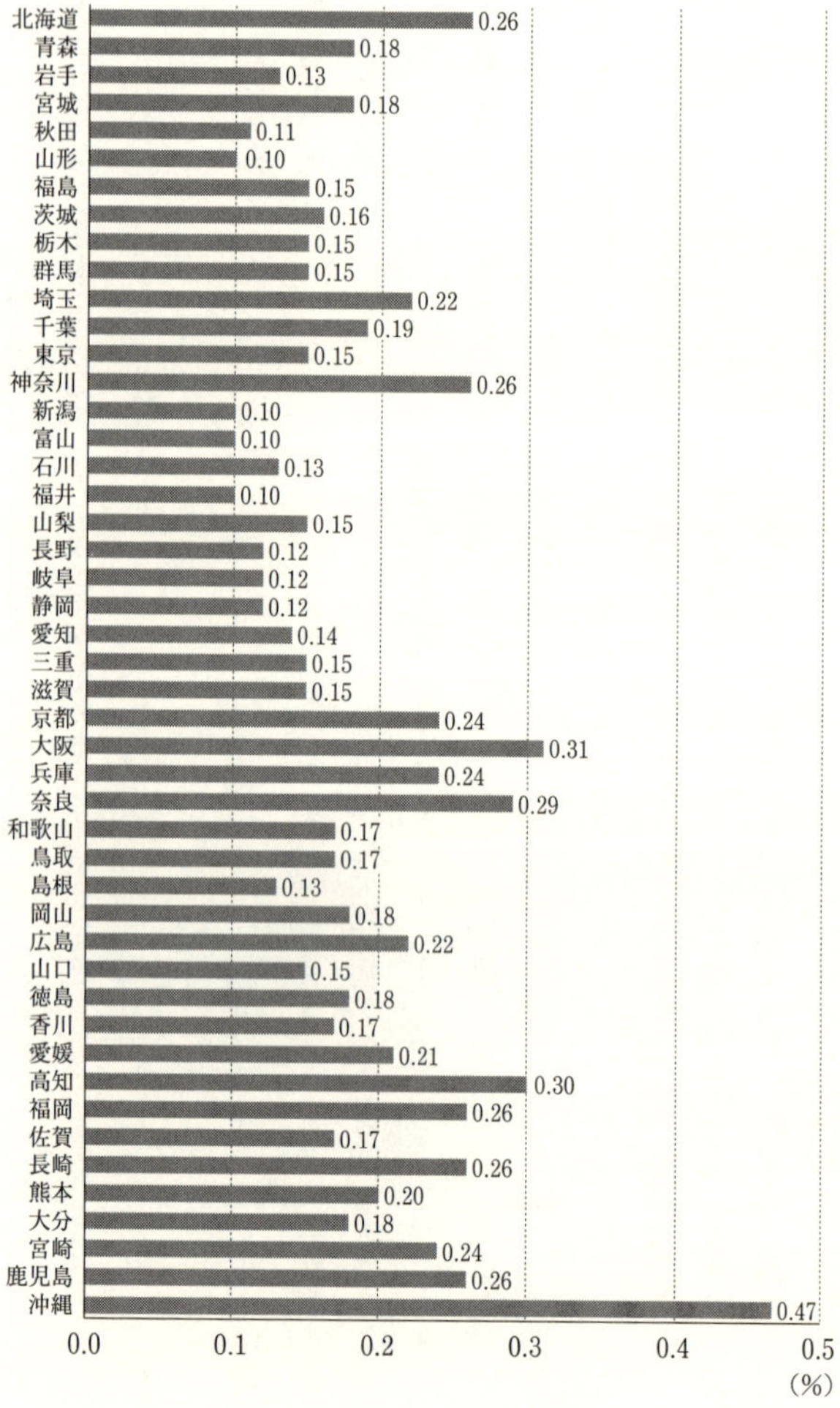

凌駕している金額である。つまり、貧困が解消されれば、このような手当は不要になるということだ。

沖縄に次いで減少額が大きな地域は大阪の0・31％である。これは一一〇〇億円ほどである。大阪府は二〇一六年度当初予算において、南海トラフ地震や新たなインフラ整備のために約一九〇〇億円を計上しているが、子どもの貧困の放置によってその半分以上の所得が毎年失われる計算となる。沖縄および大阪に次いで所得の減少額が大きいのは高知の0・30％であり、次いで奈良の0・29％、北海道、神奈川、長崎、鹿児島、福岡の0・26％となっている。

逆に損失額がもっとも小さな地域は山形、新潟、富山、福井の0・10％であり、次いで秋田の0・11％となっている。

次に子どもの貧困によって失われる毎年の財政収入の減少額を都道府県別に見てみよう。毎年の財政収入の減少額を人口一人当たりで換算したものが図表22である。

ここでは、対GDP比ではなく、イメージを持ちやすい金額で表している。財政収入減少額がもっとも大きな地域は大阪であり、一人当たり約四八〇〇円である。子どもの貧困

図表 22　子どもの貧困の社会的損失：
一人当たりの財政収入減少額

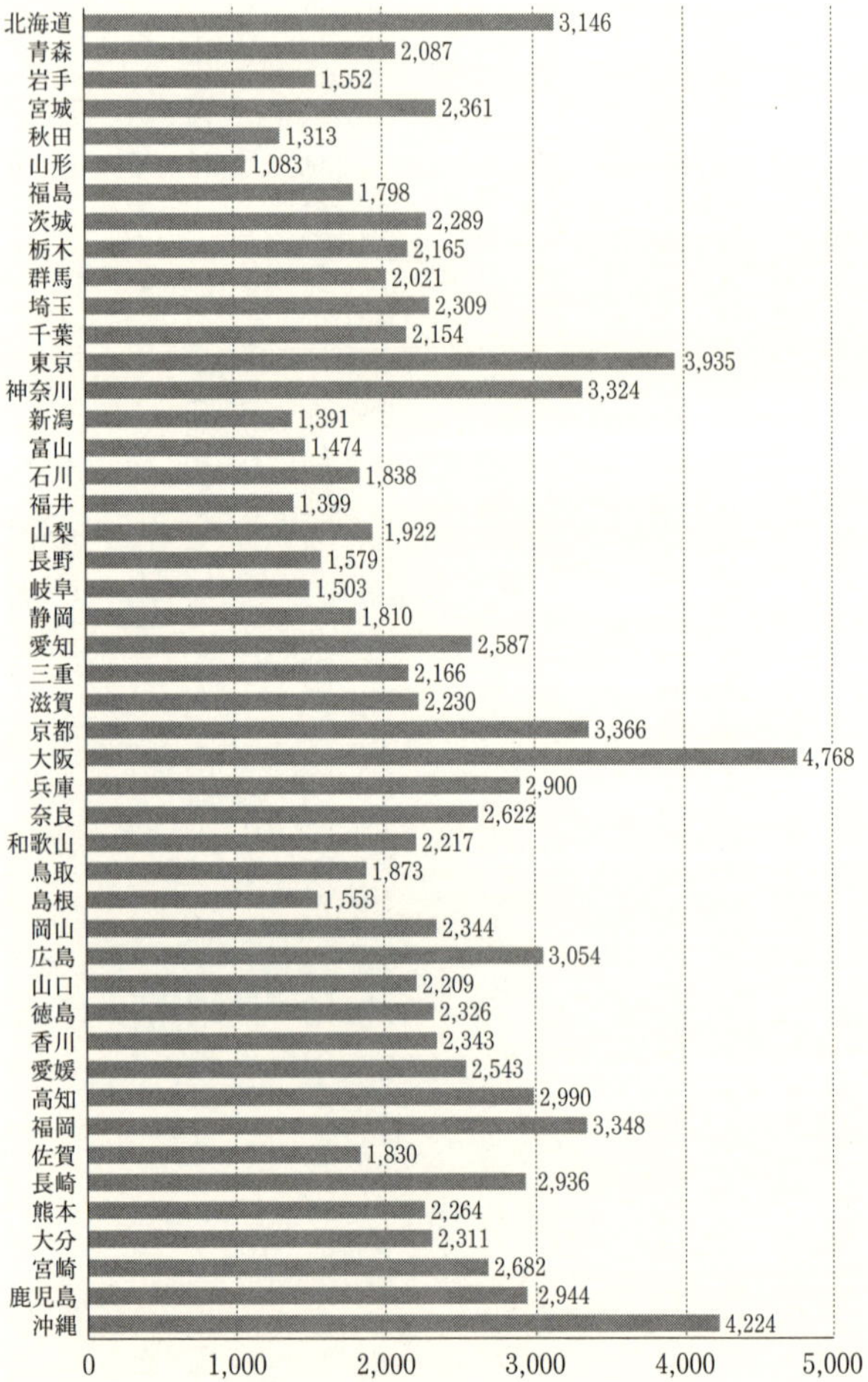

の放置によって財政収入が減少するのであれば、増税や支出削減といった方法によって財政収入の減少分をカバーしなければならない。例えば大阪に住む四人家族の場合、子どもの貧困を放置してしまうと年間約二万円の負担増を覚悟しなければならない。一生涯（十九歳から六十四歳までの四十五年として換算）の負担総額は九〇万円近くに達することになる。

大阪に次いで減少額が大きいのは沖縄の約四二〇〇円である。四人家族で考えると、約一万七〇〇〇円が毎年の負担増としてのしかかってくる。沖縄は平均的な所得水準の低い地域であるため、この負担はかなり大きい金額であると言える。三番目に大きいのは東京の約四〇〇〇円である。

一方、子どもの貧困を放置した場合の財政収入の減少額が小さい地域は山形の一人当たり約一一〇〇円であり、四人家族に換算してもわずか四四〇〇円である。山形に次いで小さいのは秋田の約一三〇〇円であり、その次が新潟と福井の約一四〇〇円となっている。子どもの貧困を放置することによる財政収入の減少額は最大で五倍近くもの地域間格差があるのである。

子どもの貧困が生み出す社会的損失は地域間のばらつきが大きく、地域の実情に合わせたきめの細かい対策が不可欠だと言える。

子どもの貧困が閉ざす日本の未来

子どもの貧困が何をもたらすのか。統計データをみると、貧困世帯の子どもは進学率が低く、それが将来の就業状況の悪化や所得の低下を生みだしており、現在世代の貧困が次世代の貧困へと連鎖していることが分かった。

子どもの貧困を放置することによる社会的損失は、無視できない規模に達している。将来の所得の減少および財政収入の減少として子どもの貧困の社会的損失を推計すると、所得の減少は総額で四二兆九〇〇〇億円、財政収入の減少は一五兆九〇〇〇億円に達する。これは一年あたりに換算すると、所得の減少額は約一兆円、財政収入の減少額は約三五〇〇億円となる。日本全体で子どもに対して使われている支出と比べても、子どもの貧困の社会的損失額は非常に大きな規模であり、子どもの貧困対策は、当事者である子どもにとってメリットがあるだけでなく、社会的にみても投資対効果の大きな政策であると言える。

子どもの貧困問題を改善しても、今すぐに所得や税収が増加する訳ではない。こうした将来を見据えた対策は、近視眼的になりがちな政治やメディアからは無視されやすいのが現状である。しかし、子どもの貧困を放置することによって生じる社会的損失は、将来必ず、我々の肩にのしかかってくる。子どもの貧困は日本の未来を確実に閉ざしつつある。

第三章　当事者が語る「貧困の現場」

花岡　隼人・小林　庸平

第二章では子どもの貧困を放置した場合の社会的損失について、推計結果を中心に理論的な考察を行なってきた。しかし、推計だけでは貧困状態の子どもが実際にどういう状況で生活を送り、進学や就職にどのように困っているかといった具体的なイメージが摑みにくいと思う。実態が分からなければ、効果的な対策を検討することも難しい。

そこで本章では、より子どもの貧困問題の実態に迫るため、推計レポート上で貧困世帯と定義したひとり親、生活保護世帯、児童養護施設の子ども（出身者含む）及び保護者に対して実施したインタビューを紹介したい。インタビューでは、大きく三つの点について話を伺っている。

一つは、貧困状態にある、もしくは貧困状態であった子どもたちの境遇である。繰り返しとなるが、我が国の子どもの貧困の多くは相対的な貧困であり、一般の方には見えにくい。見えにくいゆえに、理解されづらい一面がある。読者に少しでも子どもの貧困の実態を理解していただくため、当事者の方々には当時の暮らしの様子などを詳細に語っていただいた。

もう一つは、これまでの人生において経験した、貧困の連鎖に関するリスクについてである。第一章でもみたように、我が国では「生まれた家庭の経済格差が教育格差をもたらし、将来の所得格差につながっている」構造があり、特に進学や就職は貧困の連鎖に陥るか否かの分岐点となりやすい。インタビューでは、進学や就職のそれぞれの選択について詳細に話をうかがった。

最後に、どのように逆境を乗り越えたかについてである。今回のインタビューでは、経済的困窮という逆境にありながらも、様々な方法でそれを乗り越えてきた方に話を伺っている。逆境を乗り越えることができた理由について、当事者の方に語っていただいた。

児童養護施設管理者が語る「貧困の現場」

それぞれの方のインタビューをご紹介する前に、自身も児童養護施設の出身で、現在は児童養護施設の管理者をされている鈴木さん（仮名）に子どもの貧困の実態について語っていただいた。

鈴木さんは、関東地方北部にある児童養護施設の施設長を務められている。その児童養護施設は市街地から少し離れた静かな場所に建っていた。児童養護施設だと知らなければ、学校かと思うような外観である。校庭のような運動スペースと二階建ての建物があった。

本施設の定員は五〇名ほどであるが、施設で暮らす子どもは定員の半分程度で、残りの子どもたちは、政府が推進する施設の小規模化の方針のもと、より家庭的な環境で暮らすことのできるグループホームに住んでいる。

鈴木さんは経済的困窮を理由に小学校五年から中学校二年までの四年間、現在勤務する児童養護施設で暮らした経験がある。苦学して大学を卒業した後、中学校教諭を経て、現在の施設に職員として勤務することになった。

しかし、教師に求められる資質と施設職員に求められる資質は大きく異なっていることに鈴木さんは気づき、学びなおすため大学院に通った。大学院の論文は「児童養護施設入所者の低学力の規定要因」だ。学力が伸びる子どもとそうでない子どもの差は、子ども時代に大人と安定した人間関係を築いてこれたかどうか、の差であるという。この「大人との関係」が、学力だけでなく、その後の経済的・社会的な自立に影響を与えるという見方は、この後に紹介する方々のインタビューでも随所で確認された。

鈴木さんの児童養護施設で暮らす子どもについてお話を伺ったところ、その八割に虐待経験があるという。虐待の背景には貧困があるのかと尋ねたところ、鈴木さんはこのように話している。

貧困は虐待を引き起こす要素の一つではありますが、すべてではありません。児童養護施設に来る子どもに共通している要素として、彼らをとりまく大人の関係性が悪いケースが多いと感じます。かつて子どもは地域の人や親戚を含めて「みんなで育てるもの」でしたが、核家族化した現代では経済的に余裕がない場合、親へのストレスは更に重くのしかかってきます。例えば貧困状態にある母子家庭の場合、子育てにひとりだけしか関わらないと親子のストレスが高まり、虐待のリスクが高まってしまうのではないでしょうか。

日本では経済的な困窮はもちろんのこと、困窮世帯が社会から孤立し、適切な支援につながらない「関係性の貧困」も問題になっている。虐待についてのこのエピソードは「関係性の貧困」がもたらす深刻な問題を浮き彫りにしている。

虐待を受けた経験は、子どもに深く長い影響を及ぼす。そのような環境で育った子どもは、大人を信じることができず、大人との関係をうまく構築できないという。虐待経験が子どもに与える影響について鈴木さんはこのように語っている。

子どもは、まずは絶対的に安心できる大人がいた上で、周囲の人間との距離を測っていける。（虐待経験のある子どもたちには）安心感がないから、他人も信頼できない。なので、ちゃんと一対一の関係を作ってあげることが大事なんです。

鈴木さんによれば、生まれてから一歳くらいまでの間に親や周囲の大人との関わりが薄いと、自立までに困難を抱えることが多いという。逆に、その時期に信頼関係をうまく構築できれば、逆境をはねかえす力につながっていくと鈴木さんは話す。

また、子どもが大人とうまく関係を構築できないことが、里親制度にも影響を与えている。この施設では、子どもがなるべく「家庭」で暮らせるようにするため、里親とのマッチングを積極的に行なっている。しかし、これまで五件マッチングに成功したものの、うち三件の子どもが施設に戻ってきてしまっているなど、あまり上手くいっていない。そのような状況を踏まえ、鈴木さんは里親に対してこんなお願いをしているという。

里親さんには「しつけをすれば、直る」と思わないようにしてもらっています。施設の子どもは「他人を信頼する」という基本的なことが欠落している。そのため、大人からの「こうしなさい、ああしなさい」ということを素直に受け入れられません。もし、そのように言われてしまうと、子どもたちは大人たちを「自分のことを嫌っている」と思ってしまうのです。

子どもからの信頼を得るために施設職員も努力をしているが、そのポイントは「待つ」ことだという。大人に対する基本的な信頼が不足している子どもは、鈴木さんの言葉を借りれば、「グレる」時期が来るという。ほとんどの子どもは赤ちゃんの時に「グレる」ことができるが、彼らはそれが十分にできていないため、遅れて「グレる」という。そんな時に施設職員がじっくり待ち、彼らの成長を見守ることができれば、人間関係を構築できるようになるという。

しかし、仮に大人たちとの関係構築がうまくいったとしても、子どもは様々な課題を抱える。児童養護施設で暮らす子どもにとって最大の課題は施設退所後の進路だ。多くの児童養護施設退所者は、大学進学の費用を賄えないため、就職する。一方、この施設を運営する法人では、大学進学を希望する子どもに対して独自の奨学金を設けている。この奨学金は返済不要であり、大学卒業後の生活に負担をかけないようになっている。ちなみに、この奨学金は寄付で成り立っており、最大の支援者は一緒に施設で暮らした鈴木さんの弟さんである。大学進学の重要性について鈴木さんは次のように語る。

大学進学は、自分を見つめるためのモラトリアムの時間だと考えています。施設では上げ膳、据え膳で世話をしているので、生活面でいえば一般家庭より過保護な状態で育ってしまうので、いきなり社会に出て不利益をこうむることのないようにしてあげたい。施設の子どもたちは、一度退所してしまうと頼れる人が誰もいない。なので、自分を知るための機会がなく、チャレンジができない子が多いんです。大学進学はその意味でも重要です。

このような恵まれた奨学金制度があるとはいえ、施設退所者が全員大学に進学するわけではない。むしろ大学進学者は少数のようだ。大学進学をしない理由として、低学力はその一つであるが、子どもたちの職業観が貧困であることも大きく影響しているという。施設に入所する子どもたちの親の多くはファストフード店やコンビニエンスストアなどでアルバイトとして働いており、その姿が子どもたちの職業観のベースとなっているという。親以外に身近な大人として施設職員がいるため、福祉職を希望するものもいるが、資格取得にはお金がかかる上、頑張りきれず投げ出してしまう子どもが多いという。

推計レポートでは、進学率を上げることで将来の就業形態や所得が好転し、貧困の連鎖を抜け出すシナリオを描いてきた。しかし、実際に大学進学に至るまでには、お金や学力だけではない、周囲との関係性や彼らの職業観といった様々な要因が影響を及ぼすことが、鈴木さんのお話からわかる。

さて、いよいよ当事者へのインタビューを紹介したい。まずは、自立援助ホーム出身の中村さん（仮名）である。厳しい家庭環境にありながら、中村さんがどのように逆境を乗り越えてきたのかという点に注目して読み進めていただきたい。

ケース1　中村さん（女性・二十代・大学生・自立援助ホーム出身）

中村さんは福祉系のZ大学に通う大学三年生である。中村さんは小柄ではあるが、一般の大学生より少し大人びた印象であった。彼女は自立援助ホーム出身である。自立援助ホームとは、十五歳から二十歳までの家庭のない青少年や家庭にいることのできない青少年を受け入れ、彼らの自立を支援する施設である。居場所・住環境の提供を柱に、就労先の斡旋などをはじめとした自立に向けた様々な支援を行なう。

中村さんが自立援助ホームに入所したきっかけは、母親からの心理的虐待であるという。中村さんの母親は、中村さんの父親から家庭内暴力を受けたり、母親名義で多額の借金を背負わされたりするなど、心に深い傷を負った。その結果、アルコール依存症や希死念慮(死にたいと願うこと)がエスカレートしてしまう。精神的に不安定になることも多く、母親を寝かせてから自分が寝るという日々が続いたという。

母親から「頼むから一緒に死んでくれないか」と言われたり、寝ている最中に首を絞められそうになったりもしました。このままでは私もお母さんも共倒れになると考えて、市の保健所に相談しました。その保健所の職員に「お母さんを助けたいのであれば、あなたが自立しなさい」といわれて、自立援助ホームに入ることを決めました。もし、あの時、「あなたを保護します」と言われても、私が「お母さんから離れたくない」と言うにちがいないとその職員の方は考え、あえてそのような（「あなたが自立しなさい」という）言い方をしてくれたんだと思います。だから、私も入所を決意することができました。

彼女は、自立援助ホームで二年間過ごし、高等学校卒業程度認定試験（認定試験）に合格し、大学進学を契機に一人暮らしを始めた。中学も高校も通っていないという。なぜ大学に通うことを決めたのかと尋ねると、中村さんはこのように答えた。

　社会的養護を経験している中で、一時保護所や自立援助ホームをはじめ、いろいろな人と関わる機会があったけど、その半数以上がZ大学（中村さんの通う大学）出身者でした。自分がどん底にいる時に手を差し伸べてくれ、変えてくれた。そんな人たちに憧れて、自分もそうなりたいと思って進学を決めました。

中学も高校も行っておらず、学習面で著しく遅れをとっているにも関わらず、支援してくれた人に憧れを抱いたという理由で、大学進学を決めたというのは驚きである。その人の支援に深く感謝し、信頼していなければ、この決断をとるのは難しい。中村さんの幼い頃の家庭環境を考えれば、大人への信頼を十分に築くことができなかったはずである。そんな中村さんが、支援を受ける中で、第三者である支援者に大きな信頼を置くことができたことは、「関係性の貧困」を乗り越えているという観点から大きな意味がある。

中村さんは、大学進学に必要な費用を現在は奨学金で賄っているが、それまでは自分で工面していた。学費を稼ぐためにどんな仕事をしていたのか尋ねたところ、中村さんはこのように語ってくれた。

大学に入る前までは調理師やハウスクリーニング、塗装などのアルバイトをしていました。風俗やスカウトなどの夜の仕事もやってました。大学に入ってからも、奨学金をもらうまではお金が苦しかったので風俗の仕事は続けていました。

学費を稼ぐために風俗の仕事に就く女性は少なくないという。風俗で働いていたときの様子について教えてくれた。

社会的養護の子だけでなく、学費に困っている子は多いんです。風俗の待機室にいるのはほとんどが大学生でした。実際に、看護の勉強をする大学生が、待機室で次のお客さんを待つ間に実習計画を書いていました。下着を替えながら、髪を巻きながら書いていました。そういう学生が本当に多いんです。でも、信頼できるお客さんにそんなことをしゃべっても、ブランド品やホスト通いに使いたいんでしょと言われて、信じてくれませんでした。

私も風俗がなければ絶対に大学に入れていません。（勉強に必要な）たくさんの時間を手に入れるためにはお金の余裕が必要ですし……もうしょうがないでしょという気持ちでしたね。

貧困の実態を調査していくと、「福祉は風俗に負けている」と聞くことがある。その点について中村さんの考えを聞いた。

十二時間働けば七～八万円入ってきますし、普通の女の子だったら、福祉より風俗を選ぶと思いますよ。

現在受給している奨学金は学費に加え、住居費や生活費が卒業まで支給されるものであり、「やっと普通の生活を送れる」と中村さんは述べている。一方で、風俗の仕事は高給だったこともあり、金銭感覚を戻すのに苦労していると苦笑いを交え語っていた。

奨学金を受給することによって生活が楽になるだけでなく、自分のしたいアルバイトもできるようになった。かねてから自分もお世話になった一時保護所でアルバイトしたいと考えていたものの、一時保護所でのアルバイトは時給が低く、学費と生活費を工面できなかった。しかも、勉強との両立を考えると時間的な制約もあるため、そのアルバイトは諦めざるをえず、奨学金を受給するまでは短時間で大きな金額を稼ぐことのできる風俗の仕事を選ばざるを得なかったという。貧困によって、就業の選択肢を狭められていたのである。

大変だったのはお金の面だけではなかったようだ。中村さんは小さい頃に学習障害を抱えており、中学・高校にも通っていなかったため、大学では学習面での遅れを取り戻すために必死に勉強したという。その中で興味深いことを中村さんは述べている。

家の中が荒れていたから、学校にはほとんど行ったことがありません。高校も行ってません。大学に入る前は、自尊心がすごく低くて、周りからどう見られているかばっかり気にしていました。でも大学に来て、ただただ専門知識を学ぶだけでなく、当時の自分を理解することができるようになったかなと思います。

先ほど紹介した鈴木さんのインタビューにもあったように、大学進学が自分を見つめなおす機会となっているのだ。もし、大学に進学することがなければ、自尊心が低いまま残りの人生を過ごすことになったと考えると、彼女における大学の進学の意味は非常に大きい。

さて、なぜ彼女は人生の逆境をはねのけて、ここまで歩んでこられたのか。DVや借金を重ねる父親、精神が不安定な母親、学習障害を抱えて高校はおろか中学にも行っていない中村さん。並大抵の決意ではこれらの障害を乗り越えることはできない。実際に中村さんと同じ自立援助ホームで過ごした方の中には、行方知れずになったり、警察に捕まったりする子どももいたようである。中村さんはどのように乗り越えてきたのか。

認定試験の勉強は、予備校等に通うお金もなかったため、独学で行ったという。インターネットの無料学習サイトで繰り返し学習したようである。勉強の方法はこうだ。「自分」という仮想の生徒と、「自分」という仮想の教師をイメージし、ある問題について教師と生徒の間で理解できたかどうかを確認するやり取りを行なう。それにより、学習した内容が定着するという。中村さんは楽しそうにこの時の様子を振返るが、中学、高校の六年間を埋め合わせるためには相当の努力があったはずである。なぜ中村さんはそこまでできたのかを聞くと、こんな答えが返ってきた。

私は、自己承認欲求（誰かに認めて欲しい）と自己顕示欲（自分をアピールしたい）がすごく強かったんです。周りの人たちに「すごい」と認められることで頑張れたんだと思います。

強い自己承認欲求や自己顕示欲が原動力となったという指摘は興味深い。それでも勉強は辛かったのではと尋ねると、意外にもこんな反応であった。

勉強が辛いという感覚はあったけど、それより将来にわくわくしていた。Z大学に入ることにわくわくしていたんです。憧れがあって。大学に行っている将来の自分像に浸っていました。

この憧れは、先ほどのZ大学出身だった施設職員などに対する憧れから来ている。「私もZ大学に行けば、このような人になれるかもしれない」という期待が、彼女の並大抵でない努力を可能にさせたのであろう。

彼女の自己承認欲求は、小さい頃の経験にも起因しているかもしれない。中村さんの母親はネグレクト（育児放棄）状態にあった。食事の用意や洗濯、掃除はしなかったという。話しかけても反応せず、アルコールに浸り、娘ではなくパソコンとずっと向き合っていた。褒められたり、叱られたりした記憶はない。学校の先生も、ネグレクトに気づいていたようだが、適切な関わりをしてもらったことはないという。幼いころの彼女は、関わってくれ、認めてくれる誰かを持たなかったのだ。

現在は順調な大学生活を送る中村さん。将来の夢を尋ねると、「自分と同じように社会において弱い立場にある方々を支援したい」という。セクシャルマイノリティや風俗経験者など社会でなかなか声をあげることのできない人たちを支援したいと話す。

インタビューの間、我々は衝撃的なエピソードの連続に圧倒されてばかりであった。と同時に、数々の障害を乗り越えて、力強く人生を歩む中村さんの姿に強い感動を覚えた。

次は、山田さん（仮名）とその母親に対するインタビューを紹介したい。山田さんはひとり親家庭で育ち、経済的に苦しい環境に置かれているが、母子ふたりで支えあい、その苦境を乗り越えようとしている。

ケース2　山田さん（男性・十代・高校生・生活保護・ひとり親家庭）

山田さんは都内の高校に通う高校一年生である。山田さんは、母親と山田さんの二人家族である。山田さんが小学校三年生の時に両親が離婚し、母親の実家に戻ったという。最近まで祖父との三人暮らしであったが、生活も苦しかったことから、現在は二人暮らしになっている。母親は、平日の朝九時から夕方五時半までは近くのレンタルショップでパートとして働き、週に二回は夜六時から十一時まで、スーパーでの仕事をこなしている。いわゆるダブルワークだ。こんなに働いても、収入は、生活保護費の二万円を含めても、二人で暮らせるギリギリの水準であるという。しかも、都営住宅に入居することが決まったため、家賃が下がる反面、生活保護が打ち切られることになり、今後の生活が不安だという。もちろん、進学準備のための貯金や塾に通わせる費用など捻出できるはずもない。

山田さんは中学二年生のころから、生活困窮家庭児童向けの無料学習塾に通っていた。無料学習塾は、生活保護のケースワーカーからの紹介で知ったという。無料学習塾は週に二回で、水曜日は二時間、土曜日は三時間というスケジュールで、中学二年生の時は英語と数学、中学三年生になってからは五教科全て教わっていたという。通い始めたころの印象を山田さんはこのように語っている。

初めて行ったときは周りが知らない人ばかりだった。最初に教わった先生は生真面目だったし、少し怖かった。確かに授業はすごいわかりやすかったけど……。授業が終わると夕方五時になっていて、そこからは遊びに行けない、だから、最初は行きたくなかった。

最初は仕方なく無料学習塾に通っていたという山田さん。それが、あることをきっかけに、「行かなきゃいけない」から「行きたい」に変わったという。そのきっかけについては、次のように語っている。

「行きたい」と思うようになったのは中学校三年生から。ここに通うことで成績が上がるようになって。元々、平均点を取れなかったけど、取れるようになってきた。それで、通うのが面白いなと思えるようになった。

この点は、学習意欲を高める事例として興味深い。勉強を続け、少しずつ成功体験を重ねることで勉強への意欲も高まっていくというのは、学習機会を与えることの重要さを物語っている。もし、平均点が取れないまま、無料学習塾にも通っていなかったとしたら、彼は勉強を嫌いになっていたかもしれない。

彼が勉強に積極的になったことで、夢も少し近づいている。山田さんは小学校の時から保育士になるのが夢だった。元々、中学校の時にジュニアリーダー（地域の子供会に所属する中学生・高校生。子どもたちの活動を支えながら、大人へ子どもたちの意向を伝えたり、交渉したりする）を務めた経験から、子どもに関わる仕事がしたいと思うようになったという。先輩が通っていた、保育の勉強ができる高校に見学に行くうちに、「この高校に行きたい」と強く思い、志望校として考えるようになる。しかし、学力が全然足りず、中学校の先生からも志望校を変えるように薦められてしまう。そんな中で、無料学習塾のスタッフに「大丈夫だよ」と励まされたことで、志望校合格のため、一層頑張るようになったと山田さんは話す。結果、志望校に合格し、彼は夢に一歩近づいた。

また、この無料学習塾は、彼にとって勉強するためだけの場所ではなかったようだ。

休憩時間の半分くらいは勉強以外の話をしていた気がする。好きな音楽の話とか。先生たちも自分の話にのってきてくれて、嬉しかった。

こんな「塾」は、山田さんにとって、家でも学校でもない第三の居場所だったのかもしれない。

勉強が少しずつ好きになり、保育士になりたいという夢があった彼が、志望校合格のために努力を続けることができた理由は他にもある。それは、スタッフの熱意に応えようという思いだ。彼はこんなことを語っている。

お金を払ってもいないのに、ここまで時間をかけて来てくれて、勉強を教えてくれるから、その人のために頑張りたいなと思った。

先ほどの中村さんも、親身になって自分を支えてくれる支援者の熱意に感謝し、その支援者たちの出身校である大学へ進学を決めたが、彼もスタッフの熱意に応えようと必死に勉強して志望校進学を摑み取っていることは興味深い。自分自身の能力や夢だけでなく、第三者の存在が彼らを後押ししているのだ。山田さんはスタッフの熱意について、こうも述べている。

ここの先生は自分たちのことをしっかり考えてくれる。時間を割いてくれる。自分たちのためにやってくれているというのを感じたから、すごい嬉しかったし、その代わりに恩返しがしたいと思って勉強を頑張った。

山田さんは、高校受験を目前にした時に、担任の先生とのトラブルがきっかけで不登校になってしまう。そんな時でも、塾のスタッフは時間を割いて、耳を傾けてくれ、真剣になって一緒に考えてくれたという。こんな経験を通じて、彼らの熱意が山田さんに伝わり、山田さんを奮起させる原動力となったのだろう。山田さんとのインタビューでは、親子がお互いに信頼し、思いやっている様子が窺えた。中でも印象に残っているのは、母親が子どもの反抗期について語ったこんな話である。

息子に反抗期はありませんでした。彼は、「反抗期をする暇がなかった。おかんは仕事仕事で忙しかったから、自分がそんなことをしている訳にはいかなかった」と言っていました。

自分のために、仕事を掛け持ちして働く母親を常に気遣っていることが窺える。母親は、少しでも長い時間働こうと頑張りすぎてしまうことがあるらしく、その度に息子に注意されるという。母親の方も、子どもを信頼し、息子の行動や友人関係に対して口うるさく注意したりしないという。

山田さんはこれから大学進学を控えているが、現在の経済状況では学費を負担することは難しい。母親は息子がしたいことを全力で応援したい様子ではあったが、無い袖は振りようがなく、そこに忸怩たる思いを抱えているようであった。学力や将来の夢が揃っており、支えてくれる第三者の存在があったとしても、金銭的な理由によって将来を閉ざされる可能性は十分にあるのだ。

次は、少年院を経験している田中さん（仮名）のインタビューを紹介したい。過酷な生育環境、犯罪に手を染めてしまった過去を持ちながら、信頼できる人との出会いで立ち直れたという例である。

ケース3　田中さん（男性・二十代・とび職・ひとり親家庭・少年院経験者）

田中さんは現在二十二歳だが、自分が生まれる前に両親が既に離婚しており、五歳年上の姉と共に母親に育てられた。家は経済的に苦しく、母親もスナックで働いていたため家にはあまりいなかった。しかし母親は釣りが好きで一緒に行ったり、田中さんの好物のカレーをよく作ってくれたりしたとのことである。田中さんは母親のことが大好きだった。田中さんの暮らしが一変したのは小学校五年生のときである。母親が交通事故で亡くなったのである。田中さんは既に別の女性と再婚していた父親に姉と共に引き取られたが、そこで田中さんを待っていたのは凄まじい暴力だった。父親は毎日のように田中さんに暴力を振るい、時には木刀で頭を殴ることもあった。食事は与えられていたが、父親たちが食べ終わった後に別に食べなければならなかった。苦しい生活のなかで唯一頼れる存在で、心の支えとなっていたのが、共に育ってきたお姉さんだった。しかしその姉も、父親の暴力に耐えかねて高校卒業後に何も言わずに出て行ってしまった。当時の心境を田中さんはこう語る。

唯一頼れる存在だった姉がいなくなってしまいましたが、中学二年生だった僕にとっては、父親のもとから自分も逃げるという選択肢を取ることはできませんでした。暴力を振るわれても耐え続けるしかなかったんです。

中学生時代はサッカー部に入っていたけど、部活で帰宅が遅くなると、それだけの理由で父親に殴られていました。部費も満足には払ってくれなくて、部活も辞めろと言われました。そのため、大好きだったサッカーも結局途中で辞めざるを得なくなってしまいました。

毎日のように暴力を振るわれ、家族の一人としても扱われず、部活さえも満足にできない田中さんの苦しみは、想像を絶するものだっただろう。

それでも田中さんは高校を卒業したら美容師になるという夢を抱いていたため、高校に進学した。しかし父親の暴力はますますエスカレートしていった。田中さんはその時、父親に殺されるのではないかと思ったという。田中さんがやむにやまれず逃げ込んだのが母方の祖父母の家だった。祖父母も田中さんが父親に暴力を振るわれていることを知り、高校一年生のときに養子縁組を引き受けてくれた。

父親の暴力から逃れ、祖父母のもとで落ち着いた暮らしを始めた矢先に、田中さんの人生は暗転した。実は田中さんは、祖父母に引き取られる直前に強盗致傷をしてしまっていたのである。原因はお金だった。田中さんは次のように当時を振り返る。

高校で部活をしていたためお金はなかったけど、格好つけたい年頃だったから、整髪料などを盗んで私服警備員に捕まえられました。でも逮捕されたら父親に連絡がいって、殴り殺されるんじゃないかと怖くなり警備員に手をあげて逃げたんです。

その後は特に何もないままだったけど、祖父母の家に引き取られて何カ月か経った後に警察が来て、逮捕されました。強盗をしたのは半年以上前だったので、警察が何をしに自分のところに来たのか、はじめは分からなかったんです。

強盗致傷の場合、そのまま少年院に入れられることが一般的である。しかし田中さんの場合、留置場に一日いただけですぐに家に帰された。田中さんは、裏で祖父母が示談をしたのではないかと思っている。

その後、保護観察処分になり、高校を強制退学になり、祖父母との関係も悪化してしまい、家出を繰り返すようになった。祖父母の家の近くの居酒屋でバイトをしながら生活をしていたが、次第に万引きを繰り返して、それを売ってその日暮らしをするようになっていった。その結果、保護観察中に逮捕されて、少年院に入ることになった。

田中さんが少年院に入ったのは十九歳の頃である。少年院での暮らしは規則正しく、朝七時に起床してラジオ体操をしてご飯を食べる。それからの生活は階級によって異なっている。二級下→二級上→一級下→一級上と階級が上がり、一級上とは退所間近であることを指す。それぞれ「にげ」、「にじょう」、「いちげ」、「いちじょう」と呼ばれているそうだ。二級下の場合、前ならえや行進といった基本的な集団行動をするが、二級上や一級下になるとパソコンや習い事などを選べるようになったり、資格を取得したりすることもできる。一級上になると、出院に向けて社会への耐性をつけることが主眼となり、少年院の近くの畑で農作物をつくったり、面接の練習をしたり、遠足をしたりする。

少年院では、田中さんにとって転機となる出会いがあった。担任の先生の存在である。少年院内はいくつかの寮に分かれていて、五〜六人の生徒に担任が一人つくことになるが、田中さんは担任の先生についてこう語る。

先生は僕の話を聞いてくれました。それが本当に大きかったと思います。事件を起こしてからは祖父母との関係が悪くなっていたので、出院後に戻るところがないことなど、自分が抱いている不安に対して、ひとりの大人の意見として分かりやすく答えてくれたんです。担任の先生に出会うまでは、自分の思いを話せる人は誰もいませんでした。

少年院に入所する子どもは、家庭環境が悪く、本気で関わってくれる大人がいない場合が多いのである。

担任の先生と話をするなかで見つけたのが、日本財団と民間企業が始めた「職親《しょくしん》プロジェクト」である。

少年院から退所するためには身元引受人と住まいが必要である。しかし家庭環境が悪化していることの多い少年院入所者にとって、そうした条件をクリアすることは簡単ではない。職親プロジェクトは、刑務所や少年院の出所者・出院者に対して仕事と住まいを提供する取り組みであり、いわば「職を通じて親代わりになる」（職親）という試みである。

職親プロジェクトで受け入れ先企業の社長さんと面接した際の心境を田中さんはこう振り返る。

面接のときは本当に緊張して気分が悪くなるほどでした。面接に失敗すれば受け入れ先がなくなり、少年院からの出院も延びてしまう。しかし面接を終えて、とび職の企業への受け入れが決まり、無事出院が決まったときは嬉しかったです。帰る場所ができ、心の底から安心することができ、頑張ろうと思えました。かつては、まわりの子どもたちが問題行動をしていても見て見ぬふりをしていましたが、受け入れ先が決まってからはそうした子どもたちを注意するようになり、少年院での日々の暮らしも変わりました。

現在、田中さんは仕事をはじめて一年半が経ったところだ。とび職の仕事はハードであり、毎朝五時起きで週六日の勤務をしている。しかし田中さんは、会社を辞めようと思ったことはないし、自分の成長を日々感じることができるため仕事は楽しい、と語っている。受け入れ先企業の社長も田中さんにとって恩人になった。現在の意気込みを田中さんはこう語る。

とび職で独立するのは八年間の経験と資格が必要ですが、経験を積んで十年後には自分の看板を背負ってとび職の会社を作りたいと思っています。僕は社長が受け入れてくれたことで救われた。僕のような過去を持っている人はたくさんいる。将来はそういった子の面倒をみていきたい。

そしてお世話になった少年院の担任の先生に対しても次のような思いを持っている。

恩人である先生は就職支援担当だったので、自分のいた少年院に求人を出すことが一番の恩返しになると思う。

田中さんはいま、恋人が出来、先方の両親とも良い関係が築けている。恋人の家族と一緒に食事をする機会も多いという田中さんは、最近こんな思いを抱いている。

僕が普通の家族で育っていたら、高校一年生のときに犯罪に手を染めなかったと思う。彼女の家庭のように、家族が普通に笑いあいながらご飯を食べる家庭だったら犯罪もしなかったと思います。みんなで食べるご飯や、おかえり、いってらっしゃいという言葉が僕にはありませんでした。お母さんも家にはいなかった。

ご飯をみんなで食べられるような家族を僕は持ちたい。そして年に何回かは母のお墓参りに行きたいです。

田中さんが置かれた境遇は不幸の連続であり、頼れる大人もいなかった。しかし、少年院の担任や受け入れ先の社長といった、心の底から信頼できる大人との出会いによって、田中さんの人生は好転し始めた。逆境にあっても信頼できる人との出会いによって、もう一度やり直せるのかもしれない。

次は児童養護施設出身者で、いまはさまざまな支援を受けながら大学に通い、自分の夢に向かって進んでいる佐々木さん（仮名）のケースをご紹介したい。施設出身でありながら大学に進学している佐々木さんの事例は、どういった要素が揃えば、進学したり夢に向かって努力したりできるのか、多くの示唆が得られる。

ケース4　佐々木さん（男性・二十代・大学生・児童養護施設出身）

佐々木さんは現在大学生だが、小さいころに両親が離婚して母子家庭となった。母親は仕事をしていたが、途中から就業が困難になり、六歳の頃に児童養護施設に入所することになった。そのため親と関係が悪くなった訳ではなく、今でも連絡は取っている。

そうした状況であるため、施設を出て親と暮らすという話になったこともあるが、佐々木さん自身は児童養護施設での生活が楽しかったことと、通っていた中学校のサッカー部の先生が良い先生だったため、施設に残るという選択をした。しかし、児童養護施設は、高校卒業と同時に退所しなければならず、子どもたちは進学するか就職するかの進路選択を迫られることになる。佐々木さんはその際の選択をこのように語る。

進学をするか就職をするかで悩みましたが、やっぱり警察官になりたいという思いが強かったんです。施設出身者で警察官になった人がいて、すごくお世話になってきて、身近な仕事に感じられたからです。高校生のときに受けた警察官の試験には合格しなくて、そのまま別のところに就職する選択肢もありました。でも、大学に行って勉強することで、施設で育ってきた自分自身のことをもっと良く知れるかなと思い、福祉系の大学に進学しました。

生活費と学費を捻出することは決して簡単なことではないが、佐々木さんは、飲食店とファミリーホームでのアルバイトに加えて、貸与型と給付型の奨学金を活用することによって大学生活を送っている。

佐々木さんはいまも警察官になりたいという思いは変わっておらず、大学在学中に警察官の試験を再度受ける予定だという。

大学で社会的養護を学んでから、虐待や非行の原因は子どもにあるのではなく、周囲の大人にあることが分かりました。しかしそうした大人が野放しにされてしまっている。虐待を受けている子どもたちは、外の世界を知らないため、自分が被害者であるにもかかわらずそれに気づいていません。虐待されている子どもたちを見つけることができるのが警察官なので、自分はそうした子どもたちを救いたいと思っています。

佐々木さんはさまざまな公的サポートを得ながら大学に進学しているが、児童養護施設出身者で大学などに進学する人はまだまだ少ないという。佐々木さんが暮らしていた施設には、佐々木さんを含めて六人の同級生がいたが、そのうち三人は就職を、残りの三人は進学を選んだ。しかしこれだけ進学率が高い学年は例外的であり、佐々木さんが暮らした施設の退所者の九割は高校卒業後に就職しているという。児童養護施設出身者の進学が難しいのはなぜなのだろうか。佐々木さんはこう語る。

児童養護施設出身者の進学率が低いのは、金銭的な制約がいちばん大きいと思います。実の親との関係が良くて金銭的にサポートしてくれる場合は楽ですが、自分で学費を稼がなければならない場合、正直、ハードルは高いです。

金銭面だけじゃなく、進学に関する情報やサポート体制も整っていないと思います。施設の職員も進路や進学、奨学金制度についてのエキスパートではないから奨学金のことなどは詳しくありません。自分の大学では、児童養護施設出身者に対する学費の減免措置がありましたが、それを知らずに利用することができませんでした。

こうした事例から、貧困家庭の子どもを制度的に支援するだけではなく、実際それらを活用できるようにすることの重要性が見えてくる。貧困家庭の子どもの場合、経済的に困窮しているだけではなく、彼らが活用できる支援情報を把握できていないケースも多い。知らず知らずのうちに選択肢を狭めてしまっているのである。

同じように経済的に厳しい境遇にあったとしても、佐々木さんのように自ら目標を設定し、課題をひとつずつクリアしている子どもと、そうではない子どもがいる。そこにはどういった違いがあるのだろうか。佐々木さんの次の言葉がとても印象的である。

周りのことを信用できていない子どもは、目標を持てないことが多いんです。過去の経験から他人を信用しないようになってしまっているから、コミュニケーション能力も高まりません。時間外や休日であっても対応してくれた施設の先生は、今でも自分の記憶に残っています。そうした大人がいてはじめて、個人としてのつながりを持てるようになると思います。

中村さんや山田さん、田中さんのケースでもあったように、信頼できる第三者の存在が、佐々木さんの人生に大きな影響を与えていることが分かる。

次は、佐々木さんと同様に児童養護施設出身で大学に進学し、現在は児童養護施設で働く杉山さん（仮名）のお話をご紹介したい。佐々木さんとの共通項が多く、経済的に苦しい状態にある子どもが大学などに進学するためには何が必要なのかが見えてくる。

ケース5　杉山さん（男性・二十代・施設職員・児童養護施設出身）

児童養護施設で働く二十代前半の杉山さんは、自らも児童養護施設の出身である。杉山さんは婚外子として生を受けた。しかし杉山さんの母親は心身両面で子どもを育てる力がなく、乳児院を経て五歳の頃に児童養護施設に入所することになった。家族との関係が悪かった訳ではないため、高校生になって母親に引き取られ、福祉系の大学に進学した後、現在の施設に就職している。

しかし児童養護施設出身者で、杉山さんのように大学に進学するケースは少ないという。杉山さんが育った施設には同学年の子どもが八人いたが、高校を中退してとび職をしているケースや、高校を卒業した後にシングルマザーになったケース、消息が分からなくなっているケースなどが多く、大学に進学したのは杉山さんだけだという。高校中退が多く、大学等への進学が少ないのはなぜなのだろうか。杉山さんはこう語る。

「児童養護施設にいる子どもにとって、十八歳になり高校を卒業すると「児童養護施設にいられなくなってしまう」という漠然とした不安があり、早く自立しなければならないという焦りにつながります。周囲に頼れる大人がいない場合、自分でお金を稼げるとで安心します。だから中退という選択をしてしまうことが多い。身近に中退生が多い場合も中退を選んでしまいやすいんだと思います。

子どもたちは、中退して仕事を始めればお金が稼げる、という短期的なことしか考えていません。学校に通っているよりも仕事をした方がお金を稼げるのは確かですが、将来的な就業形態や所得は不安定になってしまう可能性が高い。子どもたちはそのことに思いが至っていないので、中退するとどうなってしまうのか、そのリスクをきちんと見せてあげる必要があると思っています。

十八歳以降は施設を退所しなければならないという制度が、子どもたちを自立へと急かすことになっており、高校卒業や大学への進学などを妨げてしまっているようだ。

それでは杉山さんが大学に進学できたのはなぜなのだろうか。杉山さんはこう述べている。

僕が大学に進学できたのは、家族が引き取ってくれたことと、頼れる人がいたことが大きいですね。親との関係も悪くはなく、父も経済的に支援してくれました。また自分は、運動は得意ではなかったけど、勉強は得意だったことも大きかった。施設以外に、親や親族など、頼ることのできる「資源」があるかどうかがとても重要だと思います。

杉山さんが大学に進学した理由を聞くと、「施設の児童虐待に関心を持っていたが、そのままの自分では力不足だと思い、きちんと勉強をすることで役に立ちたいと考えたから」と語ってくれた。児童養護施設の出身者だから、福祉系の大学に進学した訳ではないという。しかし大学で学ぶなかで、結果的に過去の自分を客観的に見つめ直すことが出来ているという。

児童養護施設の子どもたちの進学状況は厳しいと言わざるを得ないが、それを解決するためにはどのようなことが必要なのだろう。もっともシンプルな政策は、貧困状態にある子どもに対する経済的支援だが、杉山さんはきっぱりと否定する。

経済的な支援を拡充していく段階は過ぎたと思います。ここ十〜十五年で状況はだいぶ変わってきています。例えば、私が働く児童養護施設では、希望すれば塾や私立高校に行けるし、基金があるため大学にも進学もできます。こういった支援が十分な施設ばかりではありませんが、かつてに比べると状況はかなり改善してきています。
むしろ問題はそうした支援策の「活かし方」だと思うんです。進路選択の際に情報がたくさんあれば、子どもたちの選択肢は広がります。本当はＮＰＯやボランティアの支援などもあるのに、子どもたちと直接面識が無い人からの支援が多いため、支援策を利用することをためらってしまうんです。
だから、身近な先輩の体験談を聞いて、自分の将来を考える機会を持つことがすごく重要だと感じています。

先ほど紹介した佐々木さんと同様に、経済的な支援の拡充だけではなく、情報提供などのソフト面での支援の重要性を指摘されている点が興味深い。その一方で、当事者の声が政策に反映されるかどうかについては、次の指摘が大変重い。

児童養護施設に入所している子どもの声が反映されていないですよね。高齢者や障害者施設は、家族など当事者を代弁する人の声が大きいですが、児童養護施設の場合、元・当事者しか声を発することができていません。いま入所している子どもの声が圧倒的に不足していると思います。施設に入所している子どもの声をもっと拾って欲しいと思います。

ここまで六名のインタビューを紹介してきた。いずれの方も経済的に苦しい状況にあり、一部の方は家庭に大きな問題を抱えながらも、それらをはねのけ、現在は自立した生活を営んでいる。では、一体何が彼らの自立を可能にさせているのだろうか。それぞれのインタビューからヒントとなるものが得られているので、次章では学術的な観点も踏まえ、自立に向けて必要となる要素を整理したい。

第四章　貧困から抜け出すために

花岡　隼人

貧困の連鎖の正体とは

これまで、子どもの貧困の社会的損失を推計するために、「進学率や中退率を改善することで所得が向上する」という日本の社会構造を前提に話を進めてきた。しかし、第三章のインタビューから、進学一つとっても、学力以外の要素が大いに関係していることが分かってきた。子どもの貧困課題を解決するためには、これらの要素を一つ一つ解きほぐし、体系化して、施策を講じていかなければならない。一体、子どもの貧困問題、中でも貧困の連鎖は、どんな構造によって起きているのだろうか。

それを解き明かすため、我々は国内外の膨大な文献調査に加え、現場の支援者に対するヒアリングを重ねた。貧困の連鎖は古くて新しい問題であり、これまで様々な研究や取組みが行なわれている。しかし、問題を断片的に捉えたものが多く、抜本的な解決の道筋を示したものは少なかった。いや、問題が大きく、あまりに複雑なゆえに、自分たちが取組める範囲で問題を切り取っているというのが実際だろうと思う。

現場の支援者も自分たちの出来ることの限界を一様に唱えている。「教育と福祉が連携しなくてはならない」、「早期に支援しなくてはならない」、「保護者も一体的に支援しなく

図表 23　社会的相続のイメージ

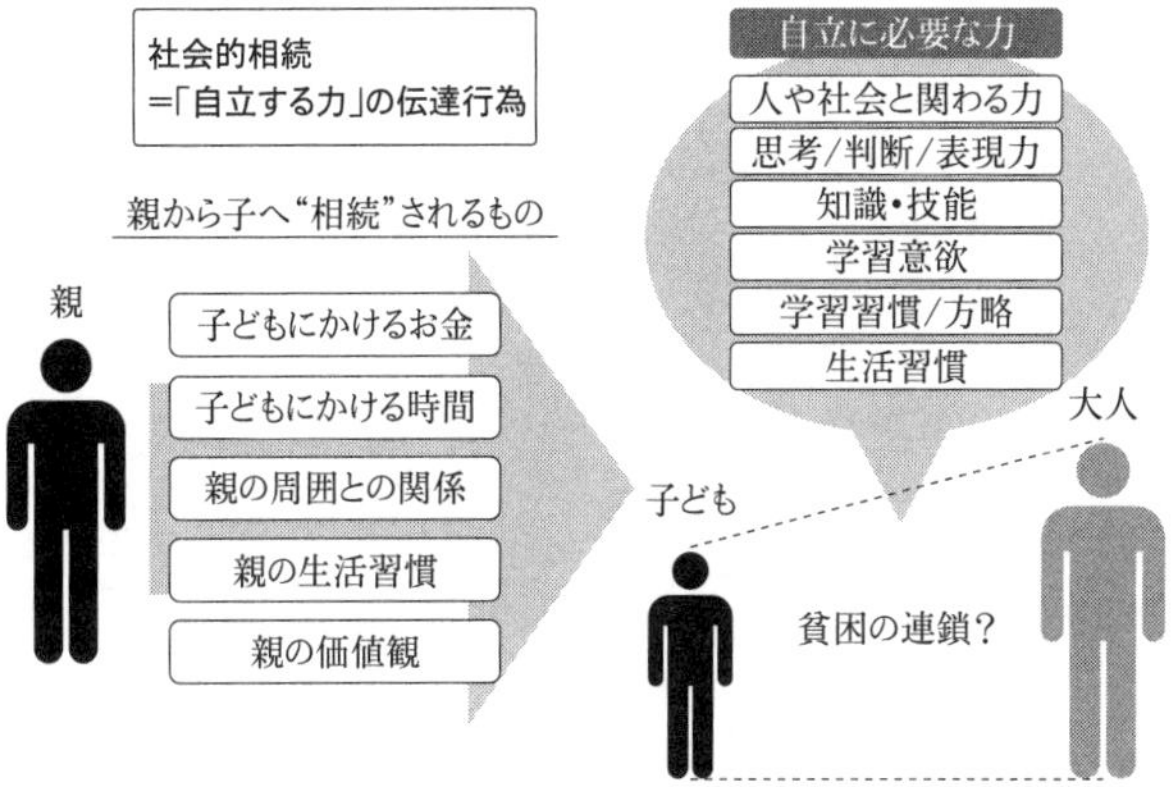

（出所）日本財団（2016）「子どもの貧困対策プロジェクト」発表会見資料

ては効果が無い」などという声は多くあったものの、問題の全体像は一向に見えてこなかった。

「社会的相続」への注目

そこで大きなヒントを与えてくれたのが「社会的相続」という概念である。社会的相続とは、明確に定義されていないが、『自立する力』の伝達行為」と理解していただくのが良いと思う。ポンペウ・ファブラ大学政治社会学部教授のエスピン＝アンデルセンは、「社会的相続は、所得と同等かそれ以上に重要である」と指摘している。

図表23は、社会的相続を概念図化したものである。親は子に対し、将来必要な自立

する力を様々な形をともなって伝えていく。子どもにかけるお金、子どもにかける時間、親の周囲との関係、親の生活習慣、親の価値観などだ。もちろん、社会的相続の担い手は親だけではなく、親族や近所の大人、学校の先生や施設職員などの場合もある。子どもはこれらを通じて、自立に必要な力を適正に、または歪んだ形で引き継ぐ。この社会的相続は、家庭の経済状況等によって差が生じると、我々は考えている。

例えば、第三章の冒頭で紹介した鈴木さんの話にもあったように、親がファストフード店やコンビニエンスストアを転々として働く姿をみていたら、それが子どもの職業観につながってしまうかもしれない。また、中村さんのように母親がアルコールに浸り、一日中パソコンと向き合っていて、食事や洗濯などの家事を一切しないような状況下にいれば、規則正しい生活とは何であるかを知らないままに育ってしまうかもしれない。施設で育った佐々木さんや杉山さんからすれば、ほとんどの先輩が施設退所後に就職しているのが「当たり前」の世界であり、大学進学が選択肢に入らない可能性も十分にあったのだ。このように、貧困を背景に、社会的相続が歪められることで、子どもたちの自立する力が十分に身につかず、貧困の連鎖を招いているのではないかと我々は考えている。

一方で、第三章で紹介した当事者の方々は、不十分もしくは歪められた社会的相続を第三者の助けによって取り戻し、貧困の連鎖から抜け出そうとしている。中村さんには自立援助ホームの職員、山田さんには無料学習塾のスタッフ、田中さんにはとび職の社長が、彼らの社会的相続を補完してきた。財産の相続とは異なり、社会的相続は一回限りではなく、適切な支援があれば、彼らの自立する力を高めることができるのだ。

自立する力の要素①　お金

では、社会的相続が「『自立する力』の伝達行為」だとすると、自立する力にはどんなものがあるのだろう。

まずは、お金である。お金が「力」と言われると違和感があるかもしれないが、自立につながる重要な要素であることから、ここでは敢えて「力」の一つとして整理したい。

貧困と聞いて、真っ先に思い浮かべるのは経済的な困窮、すなわち「お金がない」という状態である。お金がなければ、様々なことにおいて制約をうける。第三章で紹介した田中さんは、整髪料を買うお金がなくて万引きをしてしまい、警備員に手をあげたことがきっかけで、人生が一変してしまった。中村さんは、学業と生活を両立させるため、短時間で高給を稼げる風俗の仕事に就いた。山田さんも無事に高校に入学できたとはいえ、保育士になるための夢を叶えるためには、大学進学の費用を工面できなければ、自立を脅かす可能性もある。お金がなければ、将来的な自立を考えることすらできないのである。政府が生活保護や児童扶養手当などの現金給付を重視しているのも、こんな背景からである。

一方で、お金があるからといって、それだけで彼らの自立が約束されるかといえば、そんなに単純ではないと考えている。我々が行なった調査の中でこんな話を伺った。ある支援者が生活保護家庭の小学一年生の子どもに「将来、どんな仕事に就きたい？」と聞いたところ、その子どもは「役所に行けばお金がもらえるから、働かなくてもいいでしょ」と答えたという。子どもは親が生活保護費を役所から受け取ってくる姿を見て、そのように回答したのだと思う。

このケースを聞いて、特殊な事例だとお考えになる読者も多いと思う。しかし、同様のエピソードは他のヒアリングでも確認されている。誤解を招かないように申し上げるが、生活保護制度の利用そのものは、必要に迫られた場合であれば、何ら批判されるべきものではない。問題は、子どもたちが「職業選択の一つ」として生活保護の利用を考えていることである。現金給付を通じて、社会的相続が歪められていることが分かる。

他にも自立援助ホームで伺ったこんなエピソードがある。その施設で支援を受けたある青年は、施設の紹介を受け、仕事を得た。しかし、初めての給料をもらってすぐ、大半の給料をゲームや漫画の購入に費やしてしまった。自立援助ホームはいつまでも滞在できる場所ではなく、自立に向けた貯蓄が必要である。彼の場合、長期的な必要性（自立に向けた貯蓄）より、短期的な欲求（ゲームや漫画）を優先してしまったのだ。たとえ、自立に必要な十分なお金があったとしても、使い方を知らなければ自立には向かわない。

お金は自立する力を構成する重要な要素であることは間違いないが、お金だけで貧困の連鎖を断ち、自立を促すことはできないことが、これらの事例からは分かる。

自立する力の要素② 学力

では、自立する力にはお金以外にどんなものがあるのであろうか。

やはり学力の存在は大きい。現在の行政施策でも、学力は重視されている。

第一章でみたように、日本は学歴社会であり、学力が将来の所得を大きく決める要素になる。家庭の経済状況によって教育格差が生まれないように、行政は就学援助や生活困窮者世帯向けの学習支援事業を行なっている。実際に多くの自治体において、山田さんが通っていたような無料の学習塾を開催しており、朝日新聞の記事によれば、調査に回答した四七九自治体のうち、32・2％、およそ一五〇の自治体が既に学習支援を実施しているという。

しかし、たとえ学習支援によって学力が向上したとしても、自立にそのまま結びつくわけではない。高校は入学することも大事だが、自立する観点からいえば、卒業することの方がもっと重要である。第一章の図表6でみたように、経済状況別でみると高校の進学率には大きな差はないが、中退率には大きな差がある。このデータだけ聞くと、「経済的な事情で高校に通うことができなくなったのだろう」とお考えになるかもしれない。だが、政府は四〇〇〇億円近くかけて高校の授業料を無償化している。少なくとも制度の上では、たとえ経済的に困窮していたとしても、高校に通うことはできるのだ。

そうなると、中退の原因は他にあるということになる。学費を賄うための経済的な支援があり、一定の学力がある子どもが中退に追い込まれる背景には何があるのであろうか。そして、それがなぜ経済状況でこんなにもばらつきがあるのだろうか。

自立する力の要素③　非認知能力

その問いに対して大いに参考になりそうな、興味深い海外の研究を紹介したい。「ペリー就学前計画」というアメリカの研究プロジェクトである。この研究では貧困地域の子どもに対し、就学前教育を行い、その後の人生の推移について数十年にわたる追跡調査を行なっている。その調査結果の一つとして、学力以外の要因が高校卒業率を高めていることが分かった（ペリー就学前計画についての詳細は第五章参照）。

この学力以外の要因は、「非認知能力」と呼ばれる。非認知能力とは、国語・算数・理科・社会といった認知能力（いわゆる学力）ではなく、意欲、自制心、やり抜く力、社会性などの認知能力以外のものを指す。その範囲は広範であり、現行学習指導要領で掲げられる「生きる力」とも重なる部分が多い概念であり、昨今非常に注目を集めている。

TED Talks において、八〇〇万回以上の視聴回数を誇る、ペンシルバニア大学のアンジェラ・リー・ダックワースによる「Grit: The power of passion and perseverance」では、次のようなことが述べられている。

様々な状況において、ある一つの特徴が大きく成功を左右していました。それは社会的知性ではありません。ルックスでも、身体的健康でも、ＩＱでもありませんでした。やり抜く力（Grit）です。

TED Talksとは、様々な分野の専門家によるスピーチ動画を配信しているサイトであり、世界中で大変な人気を博している。そんなサイトの中で、Education（教育）とキーワードで動画検索すると、このスピーチは最も視聴された動画のかなり上位にランクインしている。いかに注目されているかが分かっていただけると思う。

先ほどの高校中退の問題に戻ろう。高校を中退してしまう原因も、この「やり抜く力」に原因があるのではないかと専門家の間では考えられている。我々は、これを子どもが身につける機会が、世帯所得が低い家庭において不足しているのではないかと考えている。「やり抜く力」の社会的相続が不十分もしくは歪められて行なわれているかもしれないのだ。

第三章で紹介した中村さんや田中さんのケースを思い出して欲しい。彼らの家庭はひどく荒れ、誰も「やり抜く」ことの大切さを教えてくれない環境で育った。中村さんは、精神が不安定な母親と同居し、彼女としっかり向き合う大人がいない状況で育った。高校はおろか中学も通っていない中村さんに対し、学校に通うよう促す周囲の大人もいなかった。

田中さんも壮絶な暴力を振るう父親と同居しており、田中さんに気を留める大人は誰もいなかった。美容師になるという夢を持っていながら、整髪料欲しさに罪を犯し、高校中退を余儀なくされ、万引きを繰り返して少年院にも入った。家庭環境が劣悪なことによって、社会的相続が十分に行なわれない結果、自立に深い影響を及ぼしたと考えられる。

一方で、この二人のケースは、第三者が社会的相続を補完できることも示している。中村さんは彼女を支援した職員らによって大学進学に向けて努力するようになったし、田中さんもとび職の社長との出会いによって将来の夢を持ち、努力し続けることができるようになった。前章で紹介した他の方々も、第三者との出会いによって、何かの目標に向かって「やり抜く」大切さを学び、実際にやり抜いている。無料学習塾に通っていた山田さんもスタッフの熱意に刺激され、辛い受験勉強を乗り越え、志望校進学を勝ち取った。

何か一つの目標に向かって「やり抜く力」に優れていることは、所得を高める要因にもなる。皆さんの働く職場に照らして、考えて欲しい。仕事で成果を残す人は、途中で投げ出したりせず、最後までやり遂げる人ではないだろうか。重要な仕事を一つ一つやり遂げ、その実績を評価されることで、彼らの報酬は上がっていく。このように、非認知能力の差は、彼らの自立に大きな影響を与えると考えられる。

ライフサイクル論

　では、子どもはどのように自立する力を身につけていくのだろうか。言い換えれば、社会的相続はどのようなステップで行なわれているのだろうか。

　その参考となるのが、エリク・H・エリクソンのライフサイクル論である。エリクソンはアメリカの精神分析学者であり、発達心理の分野において、発達段階ごとに必要な要素を定義したことで非常に広く知られている。国内外問わず広く受入れられており、ここではライフサイクル論を出発点として、社会的相続を考えていきたい。なお、エリクソンのライフサイクル論は難解であり、解釈も様々に存在する。以下に解説するライフサイクル論は、専門家との議論を通じて形成された我々の解釈であることにご留意いただきたい。

　図表24は、学童期までの発達に必要な要素とその獲得に必要な環境・資源を示したものである。ここでは参考までに年齢を記載しているが、これはあくまで一般的な発達年齢を示したものである。大事なのは、これらの要素は段階的に身につけていく必要があるということだ。社会的相続が不十分であったり、歪んでいたりする場合は、発達に必要な要素を身につけないまま成長してしまう。例えば、十代後半になっても、乳児期に必要な要素

図表24　エリクソンのライフサイクル論

	子どもの発達段階と発達に必要な要素	必要な環境・資源
11歳	学童期 勤勉性	教養や知識の養成、目的へ挑戦する機会
6歳	幼児後期 積極性・自主性	他者との関わりによる社会規範の認識
3歳	幼児前期 自律性	自己の発揮と、たとえ失敗しても受容される環境
1歳	乳児期 基本的信頼	信頼できる大人との1対1の関係

（出所）日本財団（2016）「子どもの貧困対策プロジェクト」発表会見資料

を必要とする場合があるのだ。第三章のケースをまじえて、その実態を紹介していくことにする。

乳児期（〇〜一歳）において発達に必要な要素は「基本的信頼」である。乳児期は自分で行なうことには限りがあり、主に母親に絶対的な信頼を置くことで生きていく必要がある。エリクソンも著書『アイデンティティとライフサイクル』（西平直・中島由恵訳、誠信書房、二〇一一）において「基本的信頼こそが

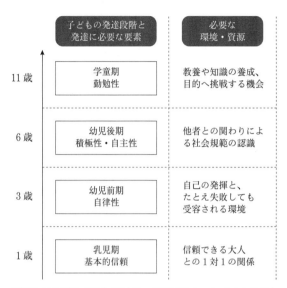

健康なパーソナリティの礎石である」と述べている。基本的信頼を身につけることで、周囲との信頼関係を将来にわたり築いていくのだ。この基本的信頼を獲得できないと、「成人において基本的信頼の欠損は基本的不信として表れる」という。「里親とのマッチングがうまくいかない理由として、子どもたちが幼児期に虐待経験を持つことで、大人をなかなか信頼できずにいることがある」と語ってくれた鈴木さんのインタビューが、エリクソンの考えと非常に合致している。この頃の子どもには絶対的な信頼を置くことのできる大人との一対一の関係が必要だ。

基本的信頼が醸成されていることは、社会的相続の補完において大きな意味を持つ。仮に家庭で十分な社会的相続が行なわれなくても、第三者によって補完できるというのが我々の考えであるが、その第三者を信じることができなければ、補完することもできない。児童養護施設出身の佐々木さんが「周りのことを信用できていない子どもは、目標を持てないことが多いんです。過去の経験から他人を信用しないようになってしまっているから、コミュニケーション能力も高まりません」と語っていたように、目標を持てなければ「やり抜く力」も育たず、コミュニケーション能力も高まらなければ、社会性も育たない。言い換えれば、基本的信頼は、非認知能力が育まれる基盤といえる。

幼児前期（一〜三歳）において発達に必要な要素は「自律性」である。この頃になると、自分で座ったり、立ち上がってみたりする等、身体能力が発達して自分の意思で選択し、行動できるようになる。また、乳児期には母親とほぼ同一化していた自分の存在が、次第に自律的に動けるようになることで、自分と他者は異なる存在であると認識するようになる。この時期に必要なのは、自己を発揮し、たとえ失敗しても受容される環境である。例えば、トイレのトレーニング。子どもは今までコントロールできなかった排泄を、親とのトレーニングによって自律的にコントロールしようとするが、その過程で失敗してしまうこともある。その失敗が、あまりに厳しく「しつけ」られると、自分の無力さを感じ、周囲への疑惑と恥の感覚を生むという。この恥の感覚が自律性を損なうレベルまで蓄積されると、健全な発達が阻害されてしまう。周りの大人が、少しずつ発揮される自律的な行動を温かく見守り、自律性を養うことが重要となる。

自律性が阻害されたケースとして参考となるのが田中さんの事例である。小学五年生で父親に引き取られてからは、ちょっとしたことで猛烈な暴力を受けた。その結果、日々の行動が段々萎縮し、行動の基準が「父親に怒られないようにするにはどうすれば良いか」となった。自己を発揮し、たとえ失敗しても受容される環境はなかったのである。お姉さんが家を出てからは完全に孤独となり、人生が暗転してしまったのは先ほど見たとおりである。

幼児後期（三〜六歳）において発達に必要な要素は「積極性・自主性」である。この時期の子どもは行動範囲が広がり、言語を操れるようになり、想像力が広がってくるようになる。また、他者との関わりが増えるに従い、自己抑制しなければならない場面も増えてくる。彼らに必要な環境は、他者との関わりにより社会規範を認識する機会である。この点についてエリクソンは、幼児後期は「義務・規律・作業を共に分かち合うという感覚において、大きく成長することを学ぶ時期」と述べている。遊びを例にとろう。自律性を尊重された段階では自分のおもちゃは自分だけのものであり、好きなだけ遊び、飽きたら遊びを止め、自分の意思がもっとも尊重された。しかし、言語を覚え、行動範囲が広がると、友達と同じおもちゃで一緒に遊ぶようになる。一緒に遊ぶためには、自分の意思ばかり押し通していてはうまくいかない。遊びを通じて、社会規範を学んでいく。

再び田中さんを例にとろう。自律性が健全に発達せずに成長すると、社会規範もうまく学ぶことができないのだ。田中さんは万引きし、警備員に手を上げたが、その理由は「もしこのまま捕まったら、父親に殴り殺される」という恐怖からだったという。ほとんどの人は、整髪料が欲しいからといって万引きという犯罪行為をしないだろうし、まして警備員に手を上げたら問題を悪化させると思うのではないだろうか。しかし、それはあくまで一般論である。歪んだ社会的相続が行なわれると、規範すら歪む可能性があるのだ。

学童期（六〜十一歳）に求められるのは「勤勉性」である。先述した「やり抜く力」に近い概念である。この頃になると、子どもは自分の興味・関心に従い、学ぶことを覚える。学ぶことによって何かを生み出し、それを認めてもらおうとするのだ。しかも、ただ生み出すだけでなく、上手に作りたいと思うようになる。この時期に必要なのは教養や知識の養成、目的へ挑戦する機会である。学校の勉強だけでなく、スポーツや芸術などそれぞれの興味・関心に応じて、可能性を探る機会の提供が必要となる。

中村さんの事例を思い出していただきたい。彼女は幼い頃に学習障害を抱え、中学・高校も行かず、勉強をはじめとして、何かにむかって努力するということを学んでこなかった。自分の興味・関心が何であるかを知る機会すらなく、ただただ日々を送るだけであった。無料学習塾に通っていた山田さんも同様に、「ここ（無料学習塾）に通っていなければ、夢とかもどうでも良くなっていたと思う」と語っている。二人とも第三者との出会いによって勤勉性を獲得できたことは前章で見たとおりだが、そんな第三者によって社会的相続が補完されなければ、彼らは全く違った人生を歩んでいたかもしれない。

以上をまとめると、乳児期から学童期まで発達に必要な要素は、「基本的信頼」「自律性」「積極性・自主性」「勤勉性」となる。注目すべきはいずれも非認知能力について言及している点である。このモデルによれば、非認知能力を先に身につけ、その後に認知能力を身につけていくプロセスを人はたどるということになる。従って、子どもの貧困対策においては、非認知能力にも着目する必要があるだろう。

具体的に何をしたら自立につながるのか？

ここまで貧困の連鎖の正体を明らかにするために、社会的相続という概念を紹介し、自立する力の要素とその獲得方法をみてきた。これらから、「子どもの貧困対策には社会的相続の補完が有効であり、特に非認知能力を重視すべきだ」という仮説が導かれる。

しかし、あくまでこれらは仮説でしかない。我々のインタビューにしても、貧困状態にある子どもの数からしてみれば、ごくわずかの子どもを対象としているに過ぎず、実際に社会的相続が貧困の連鎖を断ち切るという客観的なデータはないのである。現時点では、どこまで我々が説明を尽くしても、「社会的相続の補完を行なえば、貧困の連鎖を断ち切ることができるだろう」ということしか、言えないのである。

既存の子どもの貧困対策も、同じような状況である。生活保護や児童扶養手当などの現金給付を行なう理由は、「お金を支給することで生活の基盤が確保され、彼らの自立を後押しするだろう」という仮説を前提としているからであるが、実際にそれらの政策が貧困の連鎖を断ち切ることに効果を上げているかは、明らかになっていない。気をつけたいのは、「実証されていない」ことが、すなわち「効果がない」ことではない。「効果があるかどうか分からない」ということなのだ。

子どもの貧困対策のどの政策をとってみたところで、効果についてきちんと確認している政策はない。そこで次章では、子どもの貧困対策における政策効果を長期的に調査している海外の先行研究を紹介したい。昨今注目されている非認知能力が、本当に貧困の連鎖を断つことに意味があるのかについても研究されている。一体、どんな政策が有効なのだろうか。

第五章　貧困対策で子どもはどう変わるのか

小林　庸平

子どもの貧困対策に効果はあるのか？

第四章までで、日本の子どもの貧困が、統計から見ても実態面から見ても深刻化してきていることを示したうえで、子どもの貧困が生み出す社会的損失の推計結果をお示しするとともに、理論的な整理を行った。子どもの貧困が生み出す社会的な損失は四〇兆円を超えており、無視しえないほど巨額になっていることが分かった。子どもの貧困対策は福祉政策として重要なだけではなく、将来への投資としても見返りの大きな政策なのだ。

しかし読者は次のような疑問を持たれたのではないだろうか。すなわち、「子どもの貧困によって社会的な損失が発生していることは良く分かった。しかし一口に子どもの貧困対策といっても、金銭的な支援もあれば、学習支援もあるし、カウンセリングのような方法もある。本当に効果のある子どもの貧困対策が分からなければ、コストパフォーマンスが悪いのではないか」、と。

本書の社会的損失推計では、「高校の進学率および中退率が非貧困世帯並みになり、かつ貧困世帯の子どもの大学等進学率が22％上昇する」というケースを「改善シナリオ」と定義して推計しているが、進学率や中退率を改善させる効果的な術がなければ、確かに絵に描いた餅で終わってしまう。第四章では、社会的相続やライフサイクル論の考え方に基づいて、子どもの貧困がなぜ連鎖してしまうのか、そして貧困の連鎖を食い止めるために子どもの発達段階に応じてどのような要素が必要になるのかを整理したが、これらもあくまで理論的な仮説の域を出ていない。

子どもの貧困対策の効果を測定することは、一般的に思われている以上に難しいことであり、日本国内においてどのような貧困対策がどのような効果を持っているのかを、継続的に学問的に検証した例は、率直に申し上げて皆無と言っていい。実は、本書の「改善シナリオ」における「高校の進学率および中退率が非貧困世帯並みになり、かつ貧困世帯の子どもの大学等進学率が22%上昇する」という想定は、海外における実証研究の結果を参考にしている。海外では、子どもの貧困対策を行うことによって進学率が大幅に上昇することが確認されているのである。

そこで本章では、はじめに子どもの貧困対策の効果を測定することがなぜ難しいのかを説明した上で、効果測定を行うために近年急速に用いられるようになってきている手法をご紹介する。そして、その手法を用いて子どもの貧困対策の効果を精緻に測定した海外の三つの研究を紹介する。海外における研究成果がそのまま日本に当てはまらないことは当然だが、日本におけるあるべき子どもの貧困対策を考える上で、参考になる点は多いと考えられる。

効果を測定することはなぜ難しいのか？　①長期的な効果の把握

子どもの貧困対策の効果を測定することはなぜ難しいのだろうか。第一の理由が効果の長期的な把握である。例えば、貧困世帯の子どもに対する学習支援策を行うケースで考えてみよう。子どもに対して学習支援を行えば、学力が上がってすぐにテストで良い点が取れるようになるかもしれない。もちろんこれも子どもの貧困対策の重要な効果のひとつである。しかし、もしも学習支援が終了したあとに子どもが勉強をしない状態に戻ってしまうのであれば、短期的な学力向上効果のみで、中長期的には何の効果も生み出さないかもしれない。逆に、短期間の学習支援であっても、それが子どもの学習習慣の形成につながれば、中長期的な効果が非常に大きくなるかもしれない。

日本にも「三つ子の魂百まで」という諺がある。三歳の頃の性格は百歳になっても変わらない、というのが本来の意味だが、転じて、幼少期の経験や生育環境がその後の人格形成に大きな影響を与える、といった意味でも使われている。

つまり、子どもの貧困対策の効果を測定するためには、長期的な追跡調査が不可欠ということになる。子どもの貧困対策による学力や生育環境の改善といった短期的な効果だけではなく、習慣形成や性格にまで影響を与えるとしたら、将来の学歴や職業選択、社会に出てからのキャリアにまで影響を及ぼし、長期的な効果が非常に大きいことになる。しかし同時に、長期的な追跡調査が簡単ではないことも想像がつくと思う。時間が経てば所在が分からなくなってしまう子どもも出てくるし、何よりも最終的な効果が分かるまで数十年の時が必要になってしまう。

貧困対策による長期的な効果把握の難しさが、子どもの貧困対策にまつわる本当の効果を測定することを難しくしているのである。

効果を測定することはなぜ難しいのか？　②因果関係の把握

子どもの貧困対策の効果測定を難しくしている第二の理由が、因果関係の把握である。

ここでひとつの例を考えてみよう。奨学金を受給することによって子どもの学力が上がるかどうかを確かめたいとしよう。このとき、奨学金を受給している子どもと受給していない子どもの学力を比較すれば奨学金の効果を測定することができるだろうか。もしくは、奨学金を受給する前と受給した後の学力を比較すれば、効果を測定したことになるのだろうか。

問題はそれほど単純ではない。

例えば、学業成績の良い子どもに対して優先的に奨学金が支給されている場合、奨学金を受給している子どもと受給していない子どもの学力を単純に比較しても、奨学金によって学力が上がっているか、それとも学力が高いほど奨学金がもらえるのかが分からなくなってしまう。

また、学力と奨学金の双方に影響を与えるような「第三の要因」がある場合も、単純な比較分析では効果を測定することができない。例えば親が教育に熱心で、奨学金のような教育支援策について積極的に情報収集している場合、子どもは奨学金を受給していると共に、家庭での学習習慣も身に付いているかもしれない。この場合、奨学金を受給するから学力が上がるのではなく、親の教育熱心さや家庭環境という「第三の要因」が奨学金の受給と学力の双方に影響を及ぼしているかもしれないのである。こうした場合、奨学金の拡充を行っても学力を向上させる効果は見込めない。

なぜ因果関係を把握することが重要なのか？

これら二つの例からわかるのは、奨学金を受給している子どもほど学力が高いという相関関係があったとしても、それは必ずしも因果関係を意味しないという重要な教訓である。それではなぜ因果関係を把握することが重要なのだろうか。政策的な対応を考えるとその重要性が浮かび上がってくる。

奨学金が学力を向上させるという因果関係がないのであれば、政策的に奨学金を拡充しても、学力を向上させることはできない。むしろ政策的に対応すべきなのは、安定的な家庭環境をつくりだすことかもしれない。

つまり、何らかの問題や課題に対して対策（介入）を行おうとする場合、その対策が問題解決に本当に寄与するのかどうか、因果関係を把握することが決定的に重要になるのである。

因果関係を把握する方法「ランダム化比較試験」

では因果関係を把握するにはどうすれば良いのだろうか。

実は最近、政策の因果関係を把握するために強力な分析ツールが用いられるようになっ

図表25　ランダム化比較試験の考え方

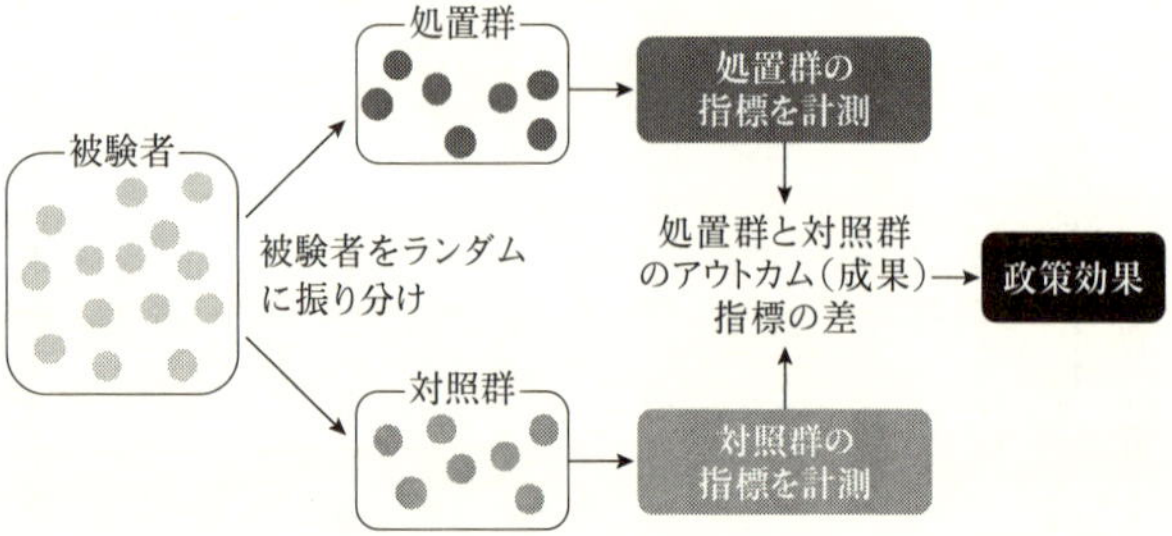

（出所）小林庸平（2014）「政策効果分析の潮流とランダム化比較実験を用いたアンケート督促効果の推定」『MURC政策研究レポート』

てきている。それは「ランダム化比較試験（Randomized Controlled Trial 以下、RCT）」と呼ばれる分析手法である。RCTのイメージを示したものが図表25である。

RCTはもともと医学の分野で効果測定に用いられてきた分析手法である。例えば新薬の効果を測定する場合、新薬を投与するグループ（「処置群」と呼ばれる）とプラセボ（効果のない偽薬）を投与するグループ（「対照群」と呼ばれる）に被験者をランダム（無作為）に振り分け、両グループのアウトカム（成果）指標を比較することで新薬の効果を測定する方法がRCTである。新薬が投与されるかどうかを被験者の意思に関わらずランダムにグループ分けすれば、高い効果が見込まれる人ほど新薬を使うといった問題を防ぐことができる。また、新薬を飲む割合が高いほど健康状態が良いという傾向が、健康意識の高さという「第三の要因」に影響を受けていたとしても、新薬が投与されるかどうかをランダムにグループ分けすれば、健康意識の多寡に関わらず新薬の投与が決定されることになるため、「第三の要因」も排除することができる。

ＲＣＴは医学をはじめとした自然科学の分野で広く用いられてきた分析手法である。こうした実験的な手法は、費用の問題や倫理的な問題から、社会科学や政策効果の把握のためにはあまり行われてこなかった。しかし近年、開発経済学や労働経済学などの分野で頻繁に用いられるようになってきており、政策評価の「究極の方法」と呼ばれるまでになっている。

ＲＣＴを用いた子どもの貧困対策の効果測定

しかしながら前述の通り、子どもの貧困対策の効果の因果関係を、ＲＣＴによって検証した研究は残念ながら日本では皆無と言っていい。

そこで以降では、海外で行われた、①ペリー就学前計画、②アベセダリアンプロジェクト、③シカゴハイツ幼児センターという三つの研究を紹介することで、子どもの貧困対策がどのような効果を持ち得るのかを考えていきたい。ペリー就学前計画とアベセダリアンプロジェクトは、一九六〇〜一九七〇年代に実施された対策の効果が現在に至るまで追跡調査されているため、子どもの貧困対策の長期的な効果が把握でき、いずれもアメリカにおける子どもの貧困対策に大きな影響を与えたプロジェクトである。一方、シカゴハイツ幼児センターは、二〇一〇年に始まった大規模なプロジェクトであり、親向けのプログラムが実施されていたり、意欲、自制心、社会性といった非認知能力の向上に特化したプログラムを実施していたりと、野心的な取り組みが数多くなされている。

海外の研究成果をそのまま日本に輸入できるとは限らないが、日本における今後の子どもの貧困対策を考える上で、有益な示唆が得られるだろう。

貧困対策研究の先駆者「ペリー就学前計画」

子どもの貧困対策の効果を精緻に測定した研究として最も有名なのがペリー就学前計画(Perry Preschool Study)である。ペリー就学前計画は、アメリカのハイスコープ教育財団による、貧困家庭の子どもに対する幼児教育の効果を、RCTおよびその後の被験者に対する長期追跡調査により測定しているプロジェクトである。アメリカ・ミシガン州における幼稚園で、一九六二～一九六七年にかけて教育プログラムが実施されており、その効果が約五十年経った現在に至るまで追跡調査されている。

対象者は、低所得状態にあり、学業達成に高いリスクを抱えるアフリカ系アメリカ人の、三歳および四歳の子ども一二三人であり、そのうち約半分を幼児教育プログラムを受けるグループ（処置群）に、残りをプログラムを受けないグループ（対照群）にランダムに振り分けて効果測定を行っている。なお、対象となった子どもの約半分は、三歳時点で家庭に父親が不在だった。

処置群の子どもたちは、知的、社会的な発達を重視した質の高い就学前教育プログラムを月曜から金曜の週五日、毎日二・五時間、二年間受けた(1)。

プログラムで重視される自発的な学びは、四つの要素で構成されている。第一は、家具やおもちゃや道具など、具体的なモノを利用することである。それによって子どもたちはリアルに物事を考えられるようになり、その結果、抽象的な思考もできるようになる。

第二は、振り返りである。例えばボールを使う場合、ボールをつかんだり、投げたりするだけではなく、そうした活動を振り返ることによって、ボールとはどんなものなのか自分なりに理解することができる。

第三は、内的な動機や発明である。こうしたプロセスを経て、子どもたちは自ら疑問を持つようになり、さまざまな探索や工夫をするようになる。子どもたちが行う工夫は、大人にとっては不安定でまとまりがないように見えるかもしれないが、そうした探索によって、子どもたちは「世界」をより深く理解できるようになる。

最後は、問題解決である。子どもたちの工夫が予期せぬ結果をもたらす場合がある。例えば、子どもがスープ作りにチャレンジして、スープの入った鍋にフタをしたいと思ったとしよう。しかしそのフタが鍋のなかに落っこちてしまい、スープが飛びはね、火傷してしまった。そうした経験を踏まえて、子どもは適切なフタの大きさについてトライ・アンド・エラーで工夫をするのである。

ペリー就学前計画では教師一人あたりの子ども数が五～六人に保たれていたが、教師はあくまでも子どものサポーターであった。教師は子どもに何をすべきかの指示はしない。その代わり教師は子どもに対して、「何をしているの?」、「どうやって作ったの?」、「私にそれを見せてくれる?」といった自由回答形式の質問を行って、子どもの自発的な学びを促していく役割を担っている。教師は毎週、担当家庭に対し一・五時間の家庭訪問を行った。加えて子どもの家族は、他の家族との小集団ミーティングに毎月参加してもらう内容であった。

ペリー就学前計画の特徴は、現在に至るまで追跡調査が行われており、プログラムの長期的な効果を把握できることである。具体的には、子どもが三〜十一歳までは毎年調査が行われ、その後、十四歳、十五歳、十九歳、二十七歳、四十歳の各時点で追跡調査が行われている。二〇〇五年には被験者が四十歳に到達した時点での効果に関するレポートがまとめられている。現在は被験者が五十歳時点でのデータについて分析中であり、中年期の健康面に関する指標のほか、気力や意志力（やり抜く力）に対するプログラムの効果についての測定が予定されている(2)。

幼児教育は生涯にわたって大きなインパクトをもたらす

四十歳時点までの追跡調査から得られた結果をまとめたのが図表26である。まず、プログラムが教育面に与えた効果を見てみよう。五歳時点でＩＱが九〇以上だった子どもの割合、十四歳時点での学業達成度などで、処置群の子どもたちは対照群よりも良い結果が得られている。また、高校を卒業した人の割合は、プログラムを受けた処置群の場合は77％であるのに対して、プログラムを受けていない対照群では60％に留まっている。つまり、

図表 26　ペリー就学前計画における 40 歳時点調査の主な結果

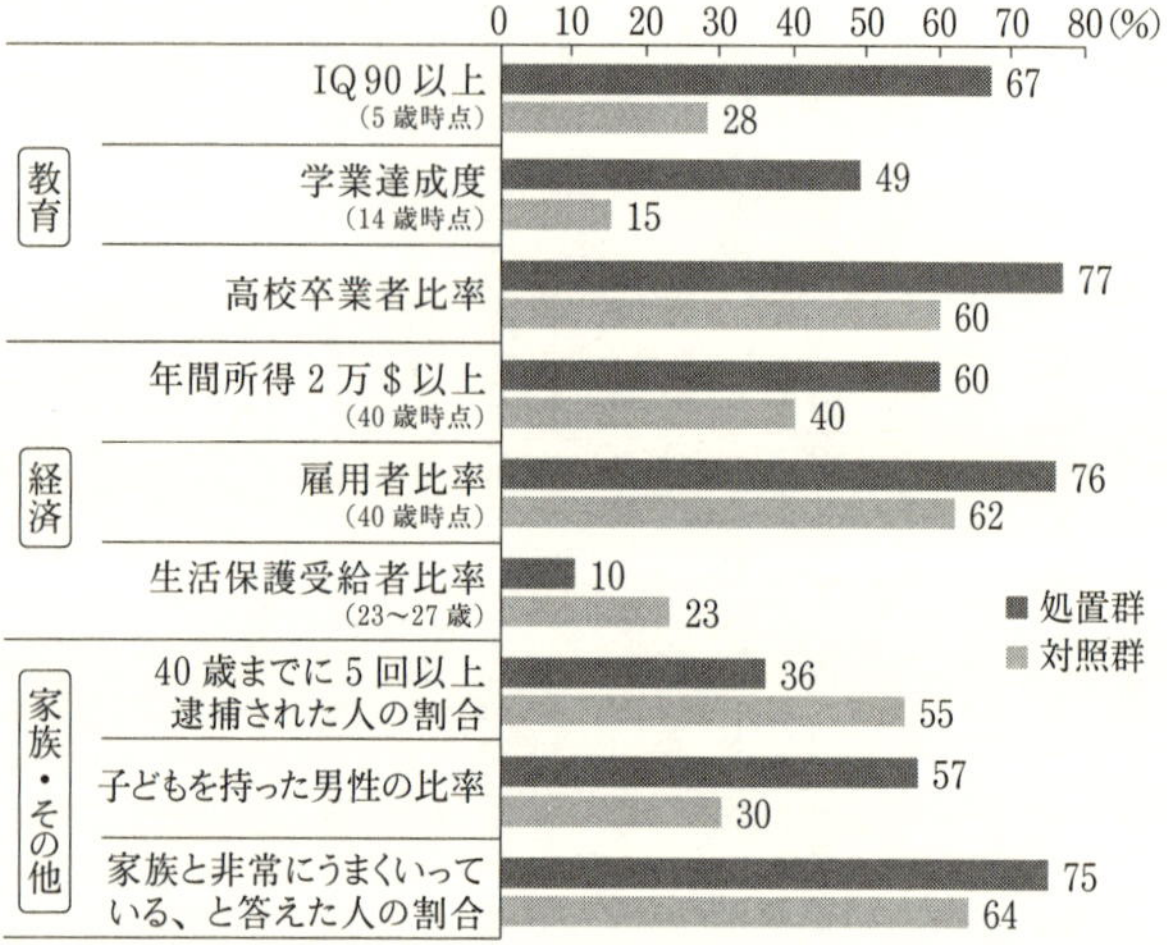

(出所) Lawrence J. et al. (2005) "The High/Scope Perry Preschool Study Through Age 40 : Summary, Conclusions, and Frequently Asked Questions" High/Scope Press
http://www.highscope.org/file/specialsummary_rev2015_01.pdf

幼児期に受けた教育プログラムの効果は、その期間の学力を向上させるだけではなく、長期的な進学率にまでプラスの影響を及ぼしているのである。本書の社会的損失推計では、子どもの貧困対策によって進学率が上昇すると仮定したが、この研究はその仮定を裏付けていると言える。

次に、経済面への効果を見てみよう。四十歳時点で二万ドル以上の年間所得を得ている人の割合を見ると、処置群では60%だが対照群では40%

に留まっている。四十歳時点における年間所得の中央値は、処置群は約二万ドル、対照群は約一万五〇〇〇ドルであり、五〇〇〇ドルの差が生まれている。四十歳時点で就業している人の割合も14％高くなっている。その一方で、二十代半ばで生活保護を受給していた人の比率は、対照群では23％だが、処置群では10％と半分以下の水準になっている。つまり幼児教育プログラムの効果は、学力や進学率といった教育面に留まらず、大人になってからの所得や就業状態にまでプラスの効果をもたらしているのである。

就学前教育プログラムの効果は、教育面や経済面に留まらない。四十歳までに五回以上の逮捕歴がある人の比率をみると、対照群では55％であるのに対して、処置群で36％まで下がっている。また、子どもを持った男性の比率についても、対照群が30％であるのに対して、処置群では57％となっており、貧困と少子化の関係に何らかの関係があることが見いだせる。「家族と非常にうまくいっている」と答えた人の割合も、対照群が64％であるのに対して、処置群では75％となっている。前章で見た「関係性の貧困」も解決が可能だと読むことができる。

この結果は大変衝撃的である。ペリー就学前計画で行われた教育プログラムは、幼児期のわずか二年間だけであるにも関わらず、それが教育面への短期的な効果に留まらず、三十年以上経過した後の所得や就業状態にまで影響しているのである。第二章では、子ども期の経済格差が教育格差を生み、それが将来の所得格差につながってしまうことによる社会的な損失を推計した。こうした問題は「貧困の連鎖（世代間再生産）」と呼ばれるが、ペリー就学前計画の結果は、貧困の連鎖が決して推計上の話ではないことを示している。

なぜ効果が高いのか？

なぜ、数年間の幼児期の教育プログラムが、その後の人生に大きな影響を与えるのだろうか。ひとつのヒントとなるのが図表27である。これはペリー就学前計画において、幼児教育プログラムを受けたグループ（処置群）と、プログラムを受けなかったグループ（対照群）について、プログラム参加時から十歳になるまでのＩＱ（知能指数）スコアの推移を示したものである。

プログラム開始当初は、処置群と対照群でＩＱスコアに大きな差はない。しかしプログラムの開始後、処置群のスコアは大きく上昇し、差が広がっていることが分かる。しかしながらその後の推移をみると、八歳以降では処置群と対照群でスコアの差がほとんどなく

図表 27　処置群・対照群の IQ スコアの推移（男性）

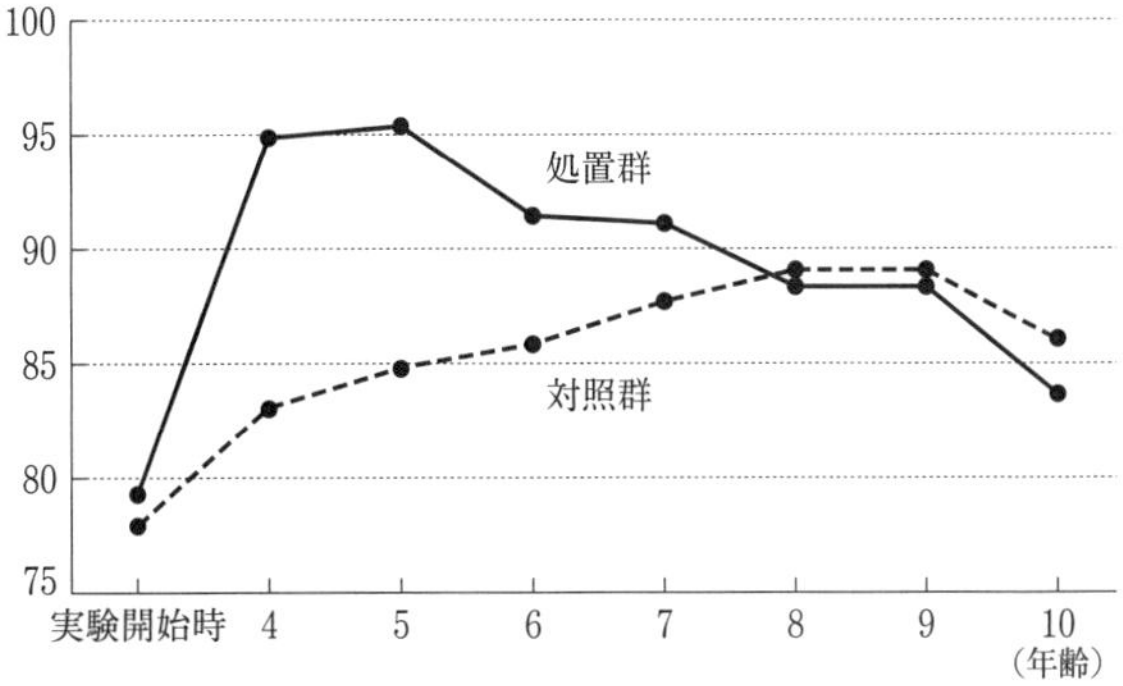

	実験開始時	4	5	6	7	8	9	10
処置群	79.2	94.9	95.4	91.5	91.1	88.3	88.4	83.7
対照群	77.8	83.1	84.8	85.8	87.7	89.1	89.0	86.0

（出所）Heckman, Pinto and Savelyev (2013) "Understanding the Mechanisms Through Which an Influential Early Childhood Program Boosted Adult Outcomes". *American Economic Review*, Vol. 103, No. 3

なり、誤差の範囲に収まっている。つまり、幼児教育プログラムを受けたとしても、長期的にＩＱを高める効果はないことになる。

それではなぜ、幼児教育プログラムを受けた子どもと受けなかった子どもで、高校卒業率や所得、就業状態などに大きな差が生まれたのだろうか。ノーベル経済学賞受賞者でシカゴ大学のジェームズ・ヘックマン教授らは、幼児期の教育プログラムがどういった経路でその後の人生に影響を与えているのかを、精緻に分析している[3]。具体的には、幼児教育が影響を与えた要素として、①認知能力（Cognitive Factor）、②非行や暴力といった外在的問題行動（Externalizing Behavior）、③学習に対する動機付け（Academic Motivation）、④非認知能力などのその他の要因（Other Factors）の四つに整理し、どの要素が子どもの将来の所得や就業状態などに大きな影響を与えているのかを明らかにしている。認知能力とはＩＱや学力テストで測れる能力のことであり、非認知能力とは社会性や他者とのコミュニケーション能力などのことである。

ヘックマン教授らは統計的な分析の結果、認知能力を通じた影響はとても小さく、非認知能力をはじめとしたその他の要因が大きな影響を与えていることを明らかにしている。

費用対効果は一六倍

しかし、ペリー就学前計画のような充実したプログラムを行っても「費用に見合った効果を上げられるのか」と疑問を持たれるかもしれない。

ペリー就学前計画では、プログラムに要した費用とそれによって得られる便益の比較（費用便益分析）が行われている。図表28は公的部門に対する費用便益分析の結果を示したものである。子ども一人当たりでみると、教育プログラムによって生まれる公的部門に

図表28　40歳時点調査における公的部門に対する費用便益分析の結果

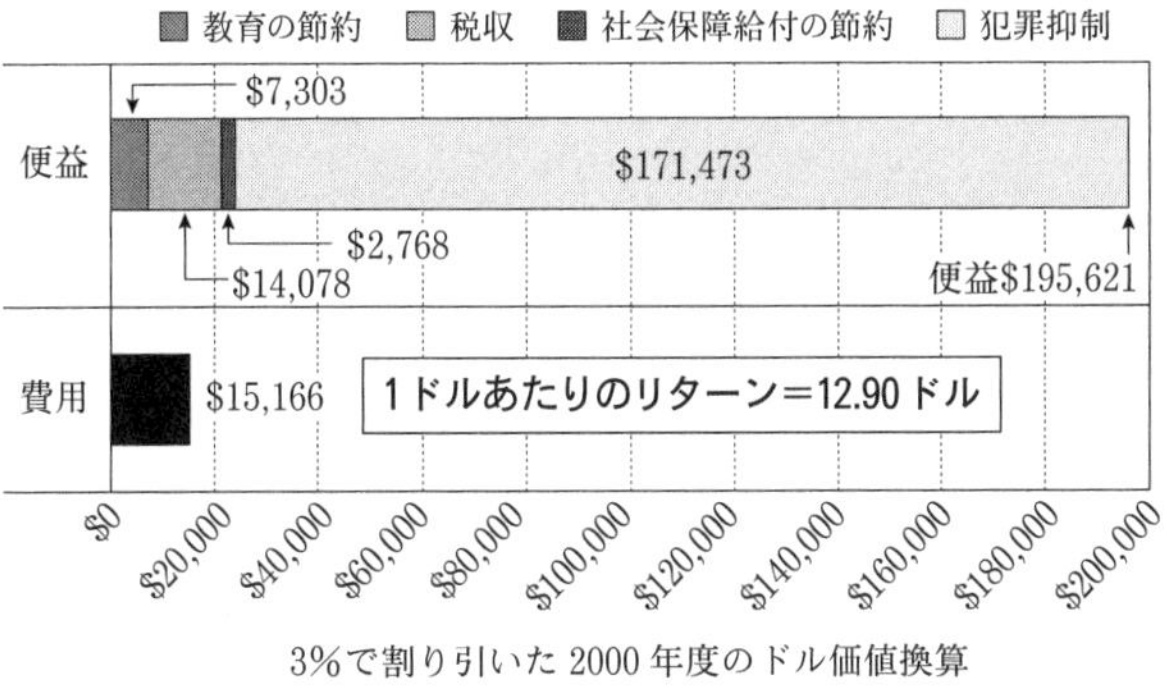

（出所）Lawrence J. et al. (2005) "The High/Scope Perry Preschool Study Through Age 40 : Summary, Conclusions, and Frequently Asked Questions" High/Scope Press

対するリターン（納税額の増加や社会保障給付の抑制、犯罪コストの低下など）は一九万五〇〇〇ドルほどである。一方、教育プログラムに要した費用は一人当たりで一万五〇〇〇ドルほどである。つまり教育投資（教育や職業訓練に用いた費用・投資額）の費用対効果は約一三倍ということになる。これはあくまでも公的部門に対するリターンであり、プログラムを受けた個人へのリターン約四万九〇〇〇ドルを加えると、総計で約二四万五〇〇〇ドル、つまり約一六倍の効果を得られるということになる。

　就学前教育プログラムは将来の所得や就業状態などを改善する効果があるだけ

ではなく、費用対効果の観点からみても十分に大きなリターンが見込める政策だと言えるのである。

学力と貧困の相関研究「アベセダリアンプロジェクト」

子どもの貧困対策の効果を精緻に測定した研究として、ペリー就学前計画と並ぶ代表的な研究がアベセダリアンプロジェクト（Abecedarian Project）である。[4]

アベセダリアンプロジェクトはペリー就学前計画と類似した研究であり、一九七二年にアメリカ・ノースカロライナ大学のフランク・ポーター・グラハム子ども発達研究所によって計画、実施された就学前教育プログラムである。ここでもRCTによって効果の測定が行われている。ペリー就学前計画と並んで、世界で最も先駆的に実施された幼児教育に関するRCTの一つである。

ペリー就学前計画との違いは、次の二つである。第一は、対象年齢である。ペリー就学前計画の場合、三歳および四歳が対象となったが、アベセダリアンでは新生児が対象になっている。第二がプログラムの時間数である。ペリー就学前計画の場合、毎日二・五時間のプログラムを二年間受ける形だったが、アベセダリアンの場合、毎日八時間のプログラムを五年間受ける。つまり、アベセダリアンプロジェクトは、ペリー就学前計画と比較してもさらに充実したプログラムだったといえる。

プログラムは、ノースカロライナ州オレンジカウンティーにおいて、一九七二年から一九七七年に産まれた新生児のうち、親の学歴や所得が低いといった経済社会的に不利な家庭環境にある新生児が対象となっている。プログラム開始時における子どもたちの平均年齢は生後四・四カ月だった。プログラムは子どもたちが就学するまで行われた。これまでに、対象者が十二歳、十五歳、二十一歳、三十歳、三十五歳の時点で追跡調査が行われている。

プログラムには一一一家族が参加した。なお、対象となる家族については、人種による選定基準は設けていなかったものの、結果的にアフリカ系アメリカ人がほとんどになっている。参加者の約四分の三は、実の両親と共に暮らしておらず、また多くの家庭が無収入であった。

プログラムを受けるかどうかは、ペリー就学前計画と同様にランダムに決められている。

幼児教育プログラムを受けるグループ（処置群）は、チャイルドケアセンターにおいて、質の高い週五日のプログラムを五年間継続して受けた。

アベセダリアンプロジェクトのプログラムの特徴は、言語力を重視し、会話型の読書やゲームの活用など、充実した支援が提供されていることである。教育施設は週五日、毎日朝七時四十五分から午後五時三十分まで開園していた。遠方に住む子どもなどに対しては、無料の送迎サービスも提供された。また親は、子育てに関するグループセッションへの参加が奨励された。

〇～五歳までのプログラムに加えて、五～八歳では、五歳までのプログラムを受けた子どもと、プログラムを受けていない子どもから、それぞれ半分ずつが選ばれ、三年間の特別教育プログラムが実施された。特別教育プログラムでは、教師が隔週で教室と家庭を訪れ、学校の授業の補習を行った。こうした調査設計になっているため、対象となった一一一人の子どものうち、〇～八歳までプログラムを受けた子ども、〇～五歳まで受けた子どもも、五～八歳まで受けた子ども、プログラムをまったく受けていない子どもの、四つのグループに分かれることになる。

大学進学率が22％改善

それではアベセダリアンプロジェクトの効果はどうだったのだろうか。十五歳時点では、

図表29　アベセダリアンプロジェクトにおける30歳時点調査の主な結果

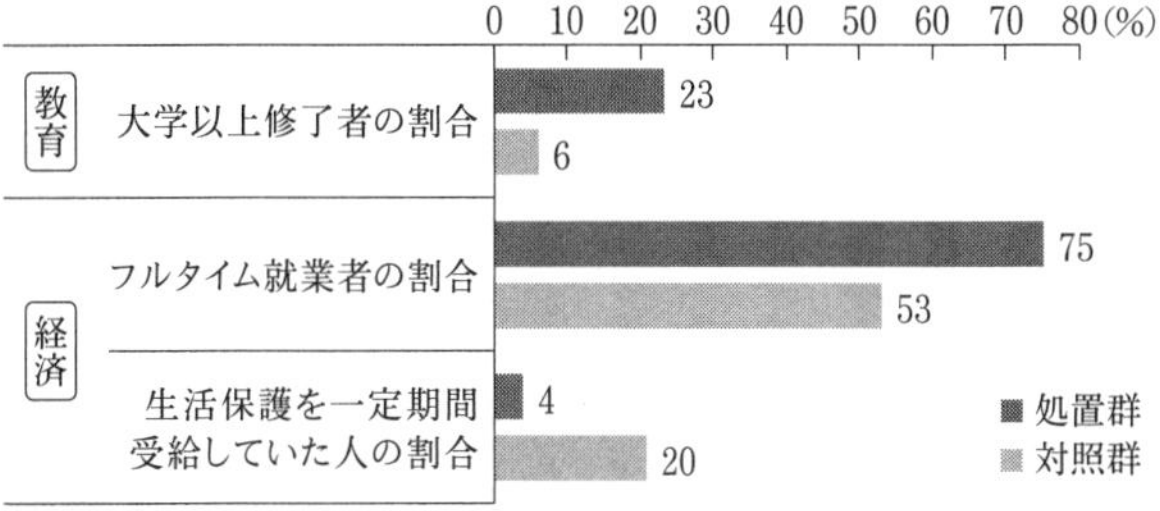

(出所) Campbell et al. (2012) "Adult Outcomes as a Function of an Early Childhood Education Program: An Abecedarian Project Follow-up" *Developmental Psychology*

処置群の方がＩＱスコアや小中学校での算数、言語の達成度テストの点数が高く、留年率が低いといった結果が得られており、そうした効果は、二十一歳時点の知能テストおよび数学、言語の学力テストでも保たれていた。また、対照群と比べて処置群では教育を受けている期間が長く、四年制大学への進学者が多いことが確認されている。具体的には、対照群の四年制大学への進学率が14％だったのに対して、処置群では36％となっており、大学進学率が22％改善していた[5]。ちなみにこの結果を、本書の改善シナリオにおける想定に用いている。

三十歳時点における主要な結果を示したものが図表29である。教育面について大学以上の修了者の割合をみると、処置群は23％、対照群は

6％であり、プログラムを受けた人は約四倍の大卒割合となっている。また図表には示していないが、平均的な就学年数も、処置群では13・46年なのに対して、対照群では12・31年となっている。

経済的な面については、処置群の方がフルタイムで働いている人の割合が20％以上高くなっている。生活保護を一定期間以上受給していた人の割合は、対照群で20％であるのに対して、処置群では4％となっており、五分の一になっていることが分かる。

以上に加えて、財政収入に対するプラスの効果も明確に存在する結果が得られている。子どもの貧困対策によって将来の就業状態や所得が改善すれば、政府の支出を抑制することが可能となる。それによって得られる便益によって、納税者一人当たり二・五ドルの節約効果になるという結果が得られている。こうした子ども期の貧困対策の効果は、ペリー就学前計画と非常に近いことが分かる。つまり、子どもの貧困対策は、地域性や時代を超えて効果的な政策だと考えることができるのである。

保護者まで巻き込む最新の研究「シカゴハイツ幼児センター」

最後にご紹介したいのは、二〇一〇年からアメリカで始まった、現在進行中の研究プロジェクトである。このプロジェクトはシカゴ大学のジョン・リスト教授らが主導しているものだが、子どもの貧困対策の効果を測定するためだけに、シカゴハイツという地域にシカゴハイツ幼児センター（Chicago Heights Early Childhood Center）という幼稚園を二つも作ってしまった、スケールの壮大な実験である。なお、シカゴハイツはシカゴ市の南に位置しており、二〇一〇年時点で人口は約三万人である。黒人やヒスパニックが人口の約八割を占めており、経済的にも貧困層が多い地域である。

リスト教授は四十七歳ながらシカゴ大学経済学部の学部長を務めている。社会科学の領域で実験を行うことは、今までは難しいと考えられてきた。しかしリスト教授は、ビジネスでの売り上げの増やし方や、子どもの成績の上げ方、寄付の増やし方、社員の生産性の上げ方など、さまざまな分野でＲＣＴを用いた先駆的な実験研究を数多く行ってきた。その結果、ロイター通信が独自に実施しているノーベル経済学賞受賞候補者にも名を連ねるなど、世界が注目する経済学者となっている。ではなぜ彼はこうした大掛かりな効果測定に取り組んでいるのだろうか。リスト教授にインタビューしたときの内容をご紹介したい。

アメリカでは長年、教育の質を上げるためには「学級規模を小さくした方が良い」、「教師の学位を高くした方がよい」、「教育支出を十分に大きくすべきだ」といった対策が提唱されてきた。しかし、高校の卒業率もテストの点数も改善していないという。教育の「質」と「手段」との因果関係が確認できないのである。では、実際に何が教育の質を上げるのか。それを、教育現場で、実験によって確認しようとしているのがリスト教授のアプローチなのである。

シカゴハイツ幼児センターの研究プロジェクトの特徴は以下の三つである。

第一は長期追跡調査である。ペリー就学前計画やアベセダリアンプロジェクトでも明らかなように、子どもの頃に行った貧困対策は長期的に効果が持続する可能性が高いため、シカゴハイツ幼児センターでも、参加者の追跡調査を行うことによって長期的な効果を把握することが予定されている。

第二は認知能力の向上が期待されるプログラムと、非認知能力の向上が期待されるプログラムの両方を試して、それぞれの効果を比較していることである。具体的には、シカゴハイツに設立した二つの幼稚園のうち、ひとつで認知能力のプログラムを行い、もうひとつで非認知能力のプログラムを行っている。ペリー就学前計画におけるヘックマン教授の研究でも、子どもの貧困対策では非認知能力を高めることの重要性が示されているが、リスト教授らの研究では、その効果を測定しようとしているのだ。

第三は親向けプログラムの実施である。子どもの貧困対策において、親（保護者）の役割が大きいことは容易に想像がつくだろう。子ども向けにさまざまなプログラムを行ったとしても、親があまり子どもに関わらなかったり、家庭環境が悪かったりすれば、その効果は小さくなってしまうだろう。そこでシカゴ幼児教育センターでは、親の学校（Parent Academy）と呼ばれる親向けプログラムを実施している。

親の学校は一回九〇分のプログラムを二週間ごとに九カ月間、合計で一八回行われる。これにはいくつかのインセンティブがある。例えば、一回参加するごとに一〇〇ドルを受け取ることが出来たり、宿題をきちんと行ったら最大で一〇〇ドル受け取れたり、子どもの成績に応じて報酬を受け取れたりする。しかもその受け取り方は二種類に別れている。一つは報酬をそのままお金として受け取るグループであり、もう一つは子どもが高等教育に進学した際にだけ引き出せる貯金として受け取れるグループである。

どのように参加者を集めたのか？

ペリー就学前計画やアベセダリアンプロジェクトと同様に、シカゴハイツ幼児センターでも、プログラムに参加するかどうか（幼児教育センターに通うかどうか）はランダムに割り振られる。そうしたプログラムへの参加者をどのように集めるのか、興味をもたれる読者もおられるかもしれない。

リスト教授らは、プログラムへの参加者を募るために、はじめに地域での広報活動をしている。具体的には、ターゲットとなる家族向けにプログラムの内容や参加募集をおこなうためにダイレクトメールを送ったり、説明会を何度も行ったりした。そうして集まった一〇〇〇人以上の子どもについて、プログラムを受けるかどうかを抽選でランダムに決めることによって、プログラムの効果を正確に測定しようとしているのである。

親向けプログラムが重要

それではシカゴハイツ幼児センターのプログラムによってどのような効果が確認されたのだろうか。このプロジェクトは二〇一〇年にはじまったものであり、結果は暫定的なものも多いが、代表的なものを紹介しよう。

第一に、子ども向けプログラムははじめの四カ月で大きな効果がでる。教育プログラムと言うと膨大な時間や費用を要するものが想像されるが、シカゴハイツ幼児センターのプログラムでは、はじめの四カ月で認知能力や非認知能力の向上が確認された。短期間のプログラムで大きな効果があるのであれば、子どもの貧困対策は費用対効果の良い政策である可能性が高い。

第二に、親向けプログラムは子どもの非認知能力を大きく向上させる効果がある。ヘックマン教授の研究でも指摘されているように、非認知能力の向上は子どもの将来に大きな影響を与えることが分かっているが、そのためには、子どもにとってもっとも身近な「教師」である、親に対するプログラムが有効なのである。また、親向けプログラムでは、報酬をそのままお金として受け取るグループも、高等教育に進学した際にだけ引き出せる貯金として受け取れるグループであっても、その効果には大きな違いはなかった。なお、親向けプログラムによって認知能力が向上することが確認されているが、子ども向けのプログラムの方が効果は大きい。

第三に、親向けプログラムが非認知能力に与える効果は、リスクの高い世帯ほど大きくなる。例えば、親の所得が平均以下の世帯や、母親の年齢が若い世帯では、親向けプログラムが非認知能力に与える効果が大きくなる。リスクの高い世帯ほど、親が子どもとコミュニケーションをしたり、勉強をサポートしたりすることが少ないと考えられるが、この結果は「貧困の連鎖」を考える上で非常に興味深い。

第四に、もともと非認知能力の高い子どもほど、プログラムの効果が大きかった。第四章において、意欲、自制心、社会性といった非認知能力をまずは形成し、その後、認知能力を伸ばしていくという順序の重要性を指摘した。非認知能力の高い子どもたちは、勉強の機会さえ与えられれば、その後は自分の努力で成果を達成することができると考えられるからである。シカゴハイツ幼児センターのプロジェクトの結果は、まさにそうした理論的な仮説を立証していると言える。

つまり、子どもの貧困対策を考えるにあたっては、子どもの非認知能力を高めるための支援をはじめに行ったうえで、様々なプログラムを実施することが効果的だと考えられる。

日本への示唆と課題

本章では、海外の研究成果から、貧困対策によって子どもがどう変わるのかをみてきた。その結果と日本への示唆を整理すると以下の点を指摘できる。

まず、子どもの貧困対策は非常に効果の大きな政策であるということである。本章で紹介したペリー就学前計画とアベセダリアンプロジェクトでは、子どもの貧困対策の効果を既に数十年に渡って追跡調査しているが、いずれも将来の所得や就業形態に大きなインパ

図表30　教育投資の収益率

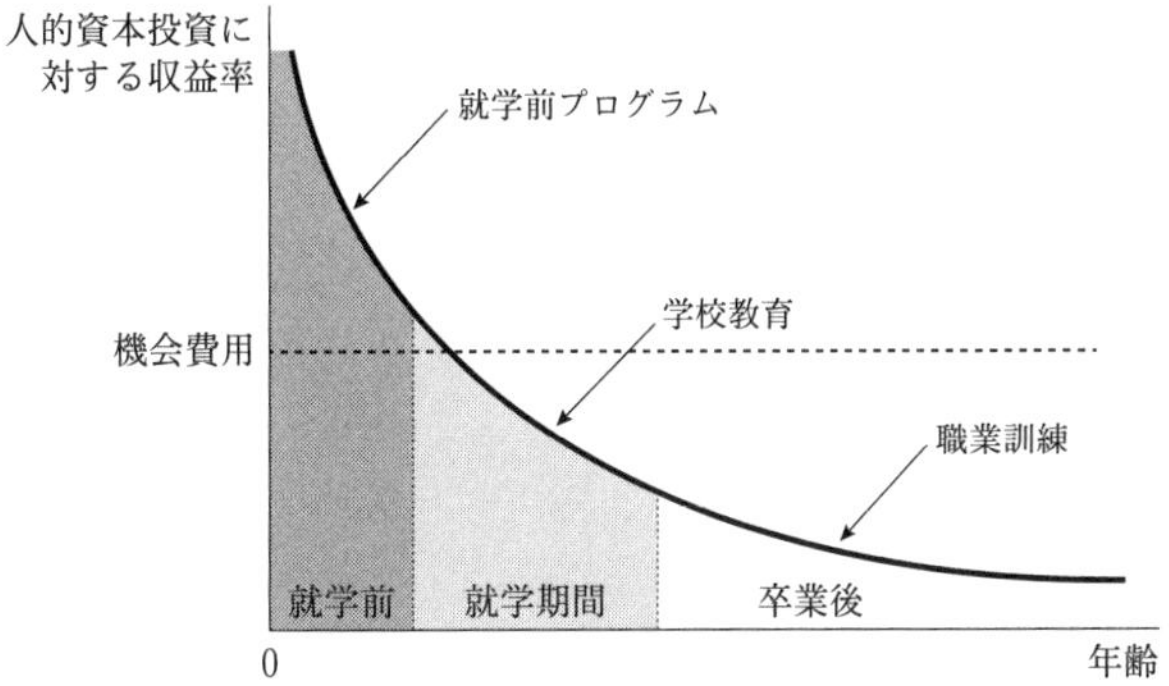

（出所）丸山桂（2012）「社会保障システムの再構築に向けて　第４回：社会保障・税一体改革と子育て支援政策の課題」『生活福祉研究』通巻82号より作成

クトを与えていた。

図表30は教育投資の収益率（教育投資によってどの程度の所得等の見返りが将来得られるのか）を、実証研究をもとにヘックマン教授が模式化したものである。横軸は教育投資を行う際の年齢であり、就学前、就学期間、卒業後の三つが示されている。縦軸は教育（人的資本）投資の収益率を表している。曲線は年齢と人的投資の収益率の関係を表したものであり、小さい頃ほど教育投資の収益率は高いことが分かる。こうした結果から、ヘックマン教授は、「恵まれない境遇にある子どもたちに対する投資は、公平性や社会正義を改善すると同時に、経済的な効率性も高める非常にまれな公共

政策である」と結論付けている(6)。

次に、意欲、自制心、社会性といった非認知能力の重要性を指摘できる。そして非認知能力を高めるためには、親向けのプログラムが非常に有効なのだ。子どもたちの非認知能力をはじめに高めておくことが、学力などの認知能力を向上させるプログラムの効果までも高めることにつながる。まさにライフサイクル論で説明されている論理が正しいことを裏付けているのである。


もちろん、日本における子どもの貧困対策を考えるうえでは課題も残されている。第二章では、本章で紹介した海外における研究に依拠して、子どもの貧困対策の効果を仮定し、推計を行ったが、社会的背景や時代背景が日本とは異なっており、同じ対策を行ったからといって必ずしも同じ効果が得られるとは言えない。そのため、日本においても、子どもの貧困対策を政策として推し進めるのと同時に、どのような貧困対策がより効果的なのか、研究を進めていくことが欠かせない。

リスト教授は、アメリカでは経験や思い込みに基づいて対策を行った結果、教育の質は改善しなかったと指摘している。それは日本も同じ状況だろう。本章の冒頭で示した通り、政策の効果を因果関係として把握することは簡単ではないが、子どもの貧困対策は長期的に日本の未来を左右する政策であり、丁寧な効果検証を通じて、よりよい政策を追求していかなければならない。

海外における研究成果に基づくと、子どもの貧困は政策的な対応によって解決可能な問題であり、その効果は教育面に留まらず、大人になってからの所得や就業状態、家族との関係性にまで長期的に影響を与え続けている。子どもの貧困対策に投じられる費用と、その後に得られる便益を比較しても、投資対効果は非常に大きい。

第二章の社会的損失推計では、子どもの貧困対策によって教育格差を解消できれば、貧困世帯の子どもたちが将来、社会を支える側にまわってくれるようになり、社会的に大きなメリットがあることを示した。海外における代表的な研究はそれが推計上の話に留まらないことを明らかにしているのである。

注

（1）プログラムの詳細については、Hohmmann and Wikart（1995）"Educating Young Children

"Active Learning Practices for Preschool and Child Care Programs" High/Scope Press を参照している。

（2）若林巴子（二〇一四）「ペリー幼児教育計画―50歳時の追跡調査への準備」チャイルド・リサーチ・ネット ホームページ

（3）Heckman, Pinto and Savelyev (2013) "Understanding the Mechanisms Through Which an Influential Early Childhood Program Boosted Adult Outcomes". *American Economic Review*, Vol.103, No.3

（4）The Carolina Abecedarian Project ホームページ http://abc.fpg.unc.edu/、Promising Practive Network ホームページ http://www.promisingpractices.net/ を参照している。

（5）Pungello et al. (2006) "Poverty and Early Childhood Educational Intervention" Center on Poverty, Work and Opportunity Policy Brief Series

（6）"Investing in disadvantaged young children is a rare public policy initiative that promotes fairness and social justice and at the same time promotes productivity in the economy and in society at large." Heckman, James, J. (2006) "Skill Formation and the Economics of Investing in Disadvantaged Children" *SCIENCE*, Vol. 312)。同時にヘックマン教授は、就学前教育の社会的収益率は15〜17%と非常に高いことを指摘している。また、日本でも、東京大学の川口大司教授が教育の私的収益率の推計を行っており、学校教育一年間の平均的な私的収益率は10%程度だとしている（川口大司（二〇一一）「ミンサー型賃金関数の日本の労働市場への適用」RIETI Discussion Paper Series 11-J-026)。

第六章　子どもの貧困問題の解決にむけて

花岡　隼人

第一章から第四章までは、子どもの貧困問題がいかに深刻かつ影響の大きい問題であるかという点を中心に述べ、第五章で海外の先行的な取組みを紹介してきた。しかし、「では、日本での取組みは一体どうなっているのか」と読者は疑問に思われていることだと思う。そこで、本章では、子どもの貧困問題解決に向けた様々な動きを紹介したい。

政府における子どもの貧困対策

深刻化する子どもの貧困問題に対し、政府は対策を進めている。政府は、二〇一三年に「子どもの貧困対策の推進に関する法律」（以下、対策法）を国会の全会一致で制定した。対策法は、意外なことに、これまでの日本の法律の中で初めて「貧困」という言葉を名称に含んだ法律なのだ。法律制定の目的は次の通り、第一条に定められている。

この法律は、子どもの将来がその生まれ育った環境によって左右されることのないよう、貧困の状況にある子どもが健やかに育成される環境を整備するとともに、教育の機会均等を図るため、子どもの貧困対策に関し、基本理念を定め、国等の責務を明らかにし、及び子どもの貧困対策の基本となる事項を定めることにより、子どもの貧困対策を総合的に推進することを目的とする。

対策法は、第八条で政府に対し子どもの貧困対策に関する大綱の制定を求めており、政府は二〇一四年八月に「子供の貧困対策に関する大綱」（以下、大綱）を制定した。

大綱では一〇の基本的な方針、子供の貧困に関する二五の指標を定め、指標の改善に向けた当面の重点施策を主に四つの領域（教育の支援、生活の支援、保護者に対する就労の支援、経済的支援）に分け、定めている。

特徴的な施策として、学校をプラットフォームにしたスクールソーシャルワーカーの配置の推進が挙げられる。スクールソーシャルワーカーとは、子どもの抱える問題に対し、学校と各種専門機関をつないで教員と一緒に解決にあたる福祉の専門家である。

教員は教育活動の専門家であり、子どもの学習以外における様々な課題（主に家庭の問題）において十分に対処することができないことが多い。そのような状況下において、スクールソーシャルワーカーは、個々の子どもが抱える問題を教員とともに解きほぐし、適切な専門機関につないで、解決に導く活動を行なっている。あるケースでは、経済的に困窮し電気代すら払えず、十分な食事をとることができない状態になっていた家庭に対し、スクールソーシャルワーカーが生活保護を受給できるようにしたという。

この大綱は、子どもの貧困問題に対し、教育から生活、親から子どもにわたる包括的な政策を盛り込んだ点において画期的である一方で、肝心の数値目標が盛り込まれていないため、関係者・専門家の間では大綱として不十分であるとの声が大きい。

二〇一五年十二月には、第四回子どもの貧困対策会議において、子どもの貧困や虐待問題に対する政策パッケージが決定・公表された。政策パッケージには、子どもの貧困対策として、ひとり親家庭の孤立を防ぐための自治体窓口のワンストップ化、ひとり親家庭の子ども五〇万人分に対する居場所（生活習慣の習得・学習支援や食事の提供を実施）の提供、児童扶養手当の増額、スクールソーシャルワーカー及びスクールカウンセラーの配置の拡充などが盛り込まれた。

特に児童扶養手当の増額は、二人目の子どもについては三十六年ぶり、三人目以降の子どもについては二十二年ぶりであり、メディアの注目を集めた。このような積極的な施策が盛り込まれた背景としては、施策の取りまとめが官邸主導で進められたことが大きい。

このように政府も、深刻化する子どもの貧困問題に対し、積極的な姿勢を見せ始めている。しかし、先ほども述べたように大綱で掲げられた指標に目標値が設定されていないため、政策パッケージの予算が実行される二〇一六年度以降、問題解決がどこまで進展するかを注視していく必要がある。

子供の未来応援国民運動

二〇一五年四月に、官公民の連携プロジェクトとして「子供の未来応援国民運動」がスタートした。四月二日に行なわれた発起人集会には安倍首相をはじめ官公民の代表者たちが一堂に会し、国民運動趣意書を採択した。国民運動の趣旨は以下のとおりである。

明日の日本を支えていくのは今を生きる子供たちです。その子供たちが自分の可能性を信じて前向きに挑戦することにより、未来を切り拓いていけるようにすることが必要です。

いわゆる貧困の連鎖によって、子供たちの将来が閉ざされることは決してあってはなりません。子供たちと我が国の未来をより一層輝かしいものとするため、今こそ国民の力を結集して全ての子供たちが夢と希望を持って成長していける社会の実現を目指してまいりましょう。

子どもの貧困問題は、本書でも繰り返し述べているとおり、ヒトゴトではなく、ジブンゴトなのである。この国民運動は、国民一人ひとりに子どもの貧困問題をジブンゴトとして捉えていただけるよう推進していくものであり、画期的といえる。

国民運動事務局は内閣府、厚生労働省、文部科学省とともに、我々日本財団も一端を担っている。日本財団は、「子供の未来応援基金」を設置し、企業・個人等からの寄付を受け入れるとともに、集まった寄付金の使途を企画・実施する。寄付受入当初は低調だったものの、徐々に基金残高も積み増し、二〇一六年六月時点で六億円程度の残高となっている。この基金をもとに、貧困の状況にある子ども等に寄り添って草の根で支援を行っているNPO等に対して支援を行う「未来応援ネットワーク事業」と、地域に子どもたちの居場所となる拠点を整備する「子供の『生きる力』を育むモデル拠点事業」を実施する。未来応援ネットワーク事業は二〇一六年六月末より第一回公募を開始し、五〇〇件以上の申請があった。世間の関心の高さが窺える。

地方自治体における子どもの貧困対策

子どもの貧困対策は政府が法律、大綱制定を中心にイニシアティブをとって推進しているものの、政策を実行に移すのは地方自治体となる。対策法第四条にも「地方公共団体は、基本理念にのっとり、子どもの貧困対策に関し、国と協力しつつ、当該地域の状況に応じた施策を策定し、及び実施する責務を有する」とある。

対策法第九条には、都道府県は子どもの貧困対策計画を策定することが努力義務として定められている。こうした法律制定を背景に、公益財団法人「あすのば」は二〇一五年十二月に各都道府県の対策計画の策定状況を調査した結果を公表した。それによれば、子どもの貧困対策単独計画として策定済み、または策定予定と回答した都道府県は、二八道府県であり、子ども・子育て等総合計画の中での策定済み又は策定予定と回答した都道府県は一八府県、策定予定なしは東京都のみという結果であった。

では、地方自治体の具体的な取組みの中身をみていきたい。

都道府県の取組み

都道府県の取組みとして注目されるのは、沖縄県の動きである。山形大学の戸室健作准

図表 31　都道府県別子どもの貧困率

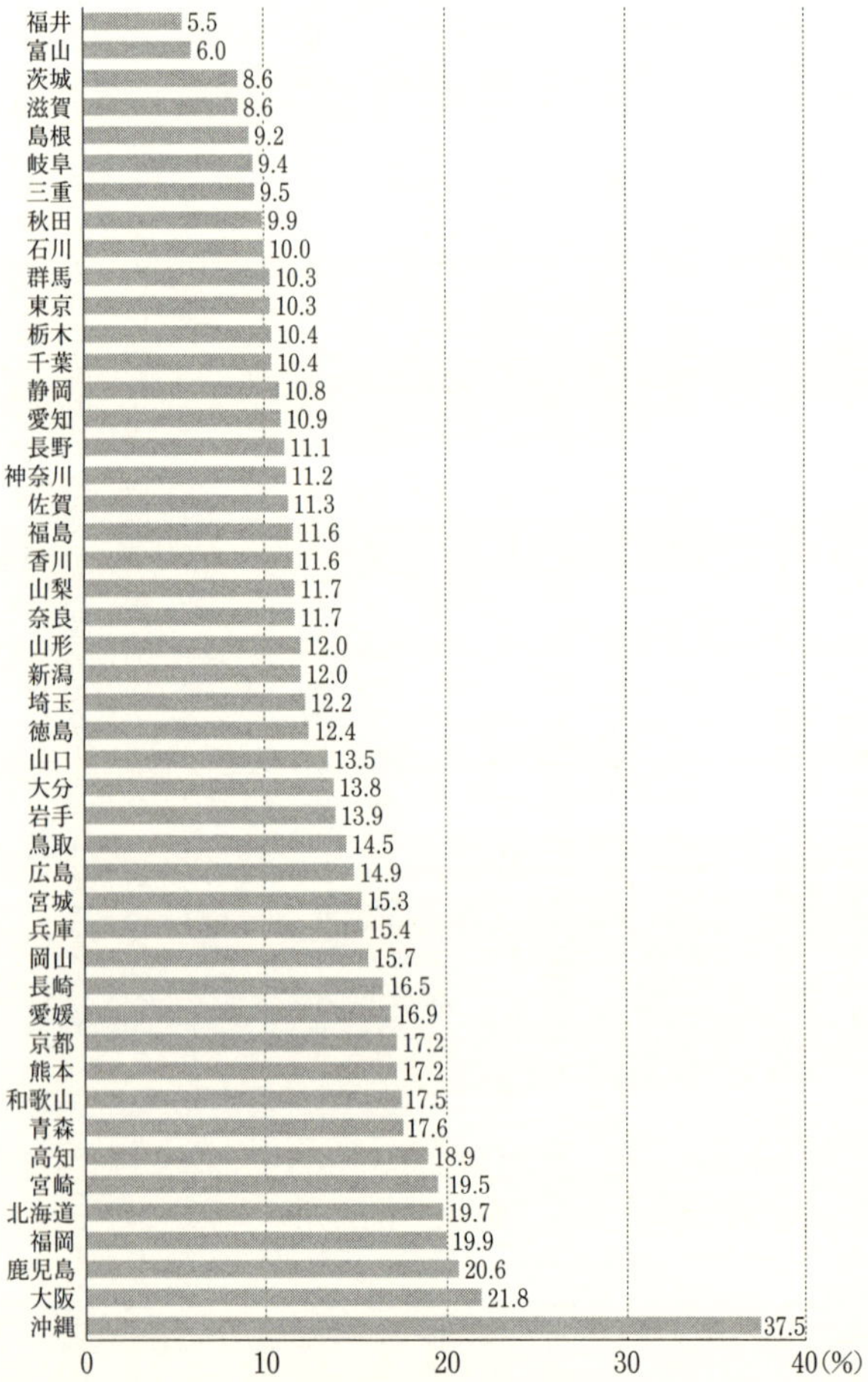

（出所）戸室健作「都道府県別の貧困率、ワーキングプア率、子どもの貧困率、補捉率の検討」(『山形大学人文学部研究年報』第 13 号、2016 年)

教授の論文「都道府県別の貧困率、ワーキングプア率、子どもの貧困率、補捉率の検討」（『山形大学人文学部研究年報』第一三号、二〇一六年）によれば、全国の子どもの貧困率が13・8％であるのに対し、沖縄県は37・5％となっている（図表31参照）。ワースト二位の大阪府が21・8％であることを踏まえると、全国でも突出して高い数字である。また、推計レポートにおける都道府県別の推計結果でも、沖縄県が社会的損失の対GDP比で最も高い数字となっていたという結果に通じるところがあり、沖縄県の深刻さが窺える。

このような背景から、沖縄県は子どもの貧困問題に大きな関心を寄せており、対策も積極的に進めている。二〇一六年四月一日に「沖縄県子どもの貧困対策計画」が発表されたが、この計画の特筆すべき点は独自調査等を通じて把握された現状について多くの紙面を割いている点である。筆者自身も多くの自治体関係者とお会いし、子どもの貧困の現状について意見交換をしてきたが、生活保護率や就学援助率については統計データとして把握しているものの、その数字には表れない貧困の状況については把握していないケースが多かった。

本計画では、食生活や公共料金の支払、健康状況、通塾率といった踏み込んだ内容について実態把握を行なっている。貧困世帯が具体的にどんな事に困っているかを把握することが、施策立案の第一歩であり、その意味において沖縄県は先進的な取組みを行なっているといえるであろう。

また、沖縄県では「沖縄県子どもの貧困対策推進基金」を創設し、「貧困の状況にある子どもが健やかに育成される環境を整備するとともに、教育の機会の確保を図る」（沖縄県子どもの貧困対策推進基金条例第一条）県及び市町村が実施する事業に利用されるという。報道によれば、県単独で三〇億円の規模になるという。具体的な施策が実施されるのは二〇一六年度からであり、政府と同様に今後の動向に注目する必要があるだろう。

市区町村の取組み

では、市区町村の動きはどうであろうか。子どもの貧困問題は、その構造が複雑ゆえに柔軟な対応が求められるため、市区町村の取組みが問題解決には最も重要となってくる。二〇一六年六月八日には、一六一の市町村自治体の首長が集まる「子どもの未来を応援する首長連合（子どもの貧困対策連合）」が設立された。現場レベルでの知見を共有するプラットフォームとして機能するほか、国へ積極的に政策提言を行なっていくという。子どもの貧困問題に最前線で取組む首長たちがこのような団体を立ち上げたことは、問題解決に向けた動きを加速させるものとして期待できる。

さて、市区町村の具体的な取組事例を紹介するため、多くのメディアが取上げ、高い注目を集めている東京都足立区の取組みをここでは見ていきたい。

足立区では二〇一四年一月の対策法制定を受け、同年八月に子どもの貧困対策本部を設置した。翌年度を「子どもの貧困対策元年」と位置づけ、子どもの貧困対策担当部を設置し、全庁的な推進体制を整備している。西日本新聞の記事によれば、二〇一六年度は一〇の新規事業を含む八二事業・九一億円の予算を計上しているという。このように取組みを急ぐのは、足立区の子どもの貧困状況が深刻さを増しているからである。足立区内の十八歳未満人口は横ばいである一方で、十八歳未満の生活保護受給者数は二〇〇〇年から二〇一四年にかけて一・四倍を超えて増加している。就学援助率も、区全体では35・8%にのぼり、小・中学校全体の平均は国の平均の約二・五倍となっている。沖縄県同様、問題の深刻さが取組みを促している。

このような状況に対し、足立区では「未来へつなぐあだちプロジェクト」と題した子どもの貧困対策実施計画を策定・公表した。実施計画を見てみると、子どもの貧困問題の複雑な構造を踏まえた、まさに全庁体制での施策が並べられている。施策は三本の柱立てとなっており、「教育・学び」「健康・生活」「推進体制の構築」で構成されている。個別の施策については実施計画を参照していただきたいが、本書では特徴的な取組みを紹介したい。

足立区は他自治体と比較すると、生活困窮状態にある子どもを早期に発見する仕組みが充実している。そのうちの一つがASMAP（あだち　スマイル　ママ&エンジェル　プロジェクト）である。ASMAPとは、生活困窮等に陥るリスクの高い妊婦を妊娠期から早期発見し、個別ケアプラン等を作成し、支援する仕組みである。ヘックマン教授の研究にもあるように、子どもの貧困問題の解決には早期の支援が極めて重要である。足立区のように早い段階でリスクの高い家庭を特定し、支援につなげていくことは問題解決に非常に有効であると考えられる。

また、足立区では、子どもの貧困と健康状態との関係を明らかにすべく、二〇一五年十一月より「子どもの健康・生活実態調査」を実施している。本調査では子どもの貧困状態を経済的な困窮だけでなく、子どもがおかれた家庭環境全体で把握し、①世帯年収三〇〇万円未満の世帯、②生活必需品の非所有世帯、③水道・ガスなどのライフラインの支払い困難経験世帯、のいずれか一つに該当する場合を「生活困難」世帯と定義し、子どもの健康・生活について分析を行っている。

この調査からは、子どもの健康や生活の実態と生活困難の関係性について、次の四点について傾向が確認されている。

一つは、「生活困難世帯では、むし歯の本数が多く、予防接種（自己負担なし）を受けていない割合が高い傾向にある」という点だ。五本以上むし歯がある子どもの割合について、非生活困難世帯では10・1％であるのに対し、生活困難世帯では19・7％と二倍近くになっている。

二点目は、「運動や読書習慣により、生活困難な状況においても逆境を乗り越える力を培える可能性が見られる」という点だ。子どもの逆境を乗り越える力に与える影響の割合のうち、生活困難によるものは15％であったが、このうち94％が運動や読書習慣など変えていくことが可能な要因であった。

三点目は、「困った時に保護者に相談できる相手がいると、子どもの健康に及ぼす生活困難の影響を軽減できる可能性がある」という点だ。ワクチン（自己負担なし）未接種の子どもの割合は、生活困難世帯において、相談相手がいない場合は20・4％であったのに対し、相談相手がいる場合は12・6％であった。

最後は、「子どもを取り巻く家庭環境や生活習慣を変えていくことで、子どもの貧困の連鎖を軽減できる可能性がある」という点だ。これは、貧困の連鎖を断つうえで重要な示唆である。

このように足立区では、丁寧な実態把握に立脚した計画立案、施策展開が行なわれており、他の自治体にとっても参考となるモデル的な要素が多くある。

NPO等非営利団体の取組み

子どもの貧困問題は、様々な要素が絡み合った社会課題である。低賃金、失業、離婚、孤立、障害、病気、犯罪、虐待など要素を挙げればキリがない。そんな社会課題に対し、法律や条例に基づき、各部署がそれぞれの所掌のもとで施策を実行する、国や自治体の取組みだけでは限界があるのが現実である。個々のニーズに合わせた柔軟な対応が求められる。そのため、子どもの貧困対策では、NPO等の非営利団体が重要な担い手となっている。

まずは、学習支援事業を例に取り上げたい。NPO法人Learning for Allは、東京都葛飾区・墨田区を中心に、経済的な理由等によって教育機会を十分に得られない子どもに、大学生ボランティアらによる無料の学習支援を行なっている。彼らの抱える課題意識は「貧困の再生産（貧困の連鎖）」を止めることにある。

生まれた家庭の経済格差が、子どもたちの教育格差につながり、それが子どもの将来の所得格差につながっている社会の構造に対し、「子どもたちが、生まれた地域や家庭環境に関わらず、自分のやりがいを持って、将来自立していけるような支援」を目標にしている。

最近ではこのような多くの無料学習塾が展開されているが、この団体の特長は関わるボランティアが五〇時間の研修を経て指導にあたっている点である。というのも、このような無料学習塾を利用する子どもは単に学習面での課題を抱えているのではなく、自己肯定感や周囲との関係性にも課題を抱えているケースがあり、教科の知識だけでなく、子どもとしっかり向き合うためのスキルを身につけておく必要があるからだ。スタッフへの手厚い研修が功を奏した結果、子どもやその保護者からの評判もよく、自治体からの問い合わせも増えているという。

二〇一六年五月三十日には、同団体も加盟する全国子どもの貧困・教育支援団体協議会が設立された。この協議会は、子どもの貧困問題に対し、教育支援の分野で取組む団体で構成されている。協議会は、①教育支援活動の実施自治体の拡大、②教育支援活動に関わる人材の確保・養成、③多様な教育支援活動の活用（文化・体験活動、プログラミング学習等）、④地域社会の支援基盤・体制の強化を主な活動として今後取組みを進めていくとしている。同様の取組みを行なう団体がネットワーク化されることで発信力が強化され、全国に学習支援の輪が広がっていくことを期待したい。

次に、「子ども食堂」事業を紹介したい。子ども食堂とは、週に一回程度の頻度で、低価格もしくは無料で子どもとその保護者に対し温かい食事を提供するサービスである。NPO法人豊島子どもWAKUWAKUネットワークは子ども食堂事業を展開する団体として最も有名である。同団体の運営する「要町あさやけ子ども食堂」は、毎月、第一・第三水曜日の十七時半から十九時に営業しており、誰でも三〇〇円支払えば栄養バランスのよい食事が食べられるようになっている。食堂があるのは一軒の民家であり、民家所有者は山田和夫さんという方で、山田さんの好意によって無料で貸し出されている。地域の方が調理ボランティアとして大勢集まり、食材も全国から届くなど支援体制が構築されているのが特長である。我々がお邪魔した際にも多くの子どもやその保護者でにぎわっており、まさに地域での支えあいを体現したような場所である。

同団体は他にも豊島区内でプレーパークや無料学習支援事業を運営しており、子どもの遊び・学び・居場所をトータルに支援し、子どもを地域で支える取組みを展開している。同団体のシンボルマークは「おせっかえる」。「おせっかいを受けた子は、大人になっておせっかいを返す」という意味。現代ではコミュニティの衰退が進み、課題を抱える家庭は孤立しがちである。よい意味でのおせっかいが地域支援の好循環を生み出す事例として注目すべきである。

子ども食堂の分野でも、「こども食堂ネットワーク」が組織されており、同団体のホームページでは各地の子ども食堂の情報が掲載されている。朝日新聞社の調査によれば、子ども食堂は少なくとも三一九カ所あり、子どもの貧困問題への関心が高まるにつれ、急増しているという。今後、このネットワークもさらに拡大していくだろう。

東京の団体ばかり紹介しているが、他地域でもＮＰＯの活動は盛んである。第一章で紹介した「仁の物語」を製作したＮＰＯ法人山科醍醐こどものひろばは、京都市山科区において、子どもの貧困という社会問題が現在のように広く認知されるよりずっと前から活動している団体である。子育て支援、子どもの体験活動の機会の提供、子どもの居場所の提供など活動は幅広い。代表の村井琢哉氏は子供の未来応援国民運動の発起人を務めており、子どもの貧困問題とその対策の重要性について、各地で精力的に発信されている。子どもの貧困問題への注目が高まるにつれ、同団体への視察依頼も非常に多くなっているという。

単体で取組むことの限界

このように政府、自治体、NPOらは、深刻化する子どもの貧困問題に対し、それぞれの立場から積極的な取組みを始めている。しかし、これらの取組みが単体で行なわれているだけでは、子どもの貧困問題の解決に至らない。実際に、行政の現場からもNPOの現場からも単体で取組むことの限界についてたくさんの声を聞いてきた。

子どもの貧困問題は多様かつ複雑な課題の集積である。行政やNPOだけでなく、企業や大学が緊密に連携して、資源を大規模に動員しながら、課題に対して柔軟かつ緻密に対応することが求められる。しかし、「連携」といっても、どのように連携するのであろうか。本章では、日本財団が最近始めた「子どもの貧困対策プロジェクト」を参考に、自治体、NPO、企業、大学の連携の具体的な方法について考えてみたい。

「子どもの貧困対策プロジェクト」始動

図表32　記者会見の様子

（出所）　日本財団「子どもの貧困対策プロジェクト」発表会見
左：（株）ベネッセホールディングス社長 福原賢一、右：日本財団会長 笹川陽平

二〇一六年五月、日本財団ビルにて、日本財団とベネッセホールディングス（以下、ベネッセ）による「子どもの貧困対策プロジェクト」（以下、本プロジェクト）の共同記者会見が行なわれた（図表32は記者会見の様子）。

本プロジェクトは、子どもの貧困問題解決に向けて、各分野の第一人者が集まり、有効な解決策の実証・特定を図るものである。本プロジェクトでは、主に就学前から小学校低学年の子どもを対象に、「家でも学校でもない第三の居場所」となる拠点を全国各地に一〇〇カ所設置し、子どもたちの将来の自立を促していく。二〇一六年十一月には、第一号拠点を埼玉県戸田市に設置する予定である。第一号拠点の運営者は前述したLearning for Allが担う。

本プロジェクトにおいて、日本財団はメンバーの全体コーディネート、サービスの全体設計に加え、拠点設置に必要な五〇億円の資金提供を行なう。ベネッセは、長年にわたる子どもの生活・教育に関する事業で培ってきたノウハウをもとに、全体のサービス設計やコンテンツ提供等を行なう。また、有効施策を特定するために、本プロジェクトは施策の効果を科学的に検証する。その検証業務は、慶應義塾大学中室牧子准教授にご協力いただく。なお、今後もメンバーを順次拡大し、子どもの貧困問題に対する有効施策を特定するためのプラットフォームを構築する。

家でも学校でもない第三の居場所を目指して

では、なぜ我々は「家でも学校でもない第三の居場所」を設置しようと考えたのか。そこには、第三章でも触れた「関係性の貧困」が背景にある。

子どもの貧困問題は、経済的な貧困に加えて、親の周囲との関係性が希薄なことで適切な支援につながっていないという「関係性の貧困」があることで、問題を悪化させているという側面がある。親が周囲とつながっていないということは、子どもも孤立しているということである。

もし子どもが何らかの課題を抱えているとき、誰に相談できるだろうか。親は仕事で忙しく、家を留守にしがちのため、子どもと向き合う時間を作るのは難しい。学校の先生も、学習については相談できても、その他の問題に踏み込むことは難しい。それに学校の先生はクラス全員の子どもに関わる必要があるため、特定の子どもにじっくりと向き合うことはなかなかできない。

そんな時、子どもはどこに行って、誰に相談すればよいのだろうか。自分の抱えている悩みや困りごとを話し、「ここにいて良いんだ」と思えるような場所が必要である。かつては近所のおじさんやおばさんが目をかけてくれるような地域社会があったが、都市化が進む現代でそれを望むのは難しい。

そのため、我々は、子どもたちが安心し、信頼できる誰かと過ごすことのできる、家でも学校でもない第三の居場所を提供しようと考えたのだ。第三章のインタビューで登場した中村さんにとっての自立援助ホーム、山田さんにとっての無料学習塾を思い出していただければイメージしやすいと思う。子どもたちに絶対的な安心を与えることから、彼らの自立が始まると考えている。

拠点では何を行なうのか

では、拠点ではどんなことを行なうのだろうか。三つの主な機能を紹介したい。

まずは社会的相続の補完サービスである。社会的相続とは第四章で詳述したように、「自立する力の伝達行為」である。家庭の経済状況を背景に社会的相続が不足もしくは歪められている場合、それを補っていく。第四章で紹介したライフサイクル論をよりどころに、子どもたちの発達段階に応じて基本的信頼、自律性、積極性・自主性、勤勉性を育んでいく。

具体的なサービスについては現在検討しているところだが、現時点で重視しているものとして生活習慣の形成と読書プログラムがある。

生活習慣の形成については、子どもの自立とどのような関係があるのか疑問に思う方もいるだろう。しかし、この生活習慣は家庭の経済状況によって影響を受けやすいといわれている。先述した足立区の調査でも、非生活困難世帯と生活困難世帯の子どもでは、歯磨きの頻度や朝食摂取などにおいて差が生じている（図表33、図表34）。

図表33　生活習慣の比較①　子どもの健康・こころ

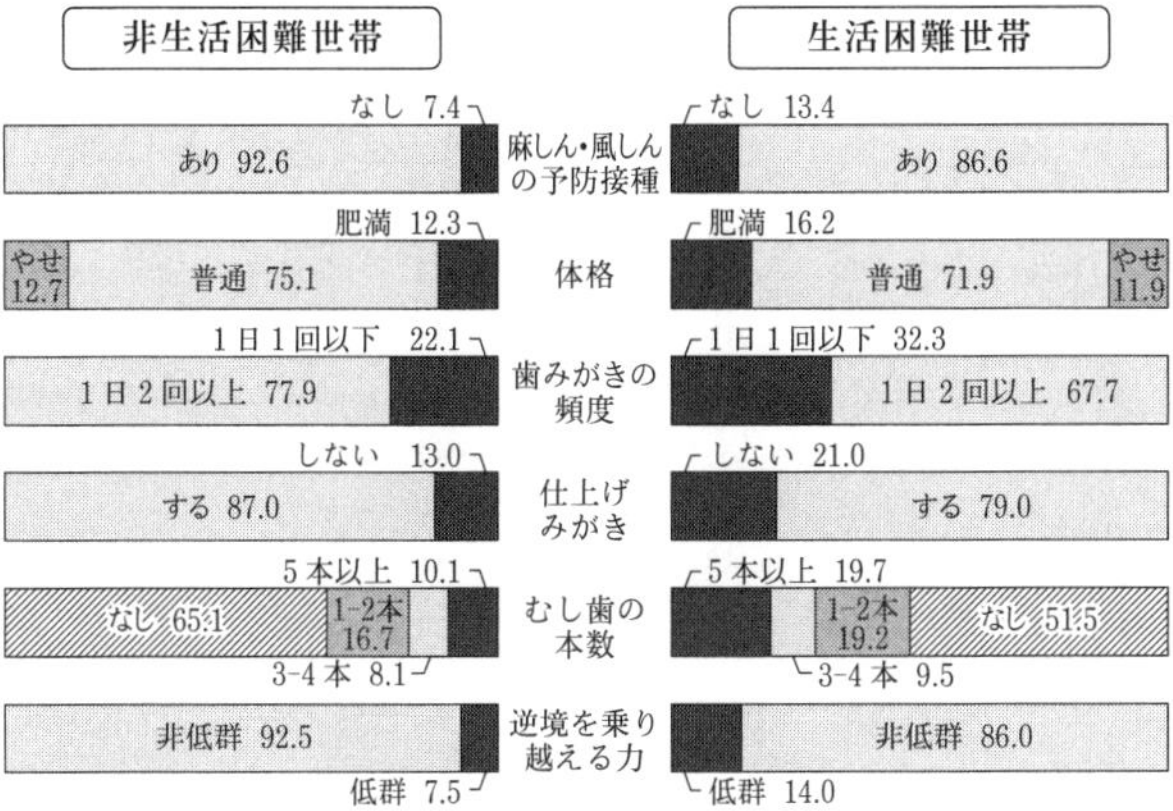

（出所）足立区（2015）「子どもの健康・生活実態調査」

　この要因として、親の生活習慣が不規則であるため子どももそれに従っている、または親が子どもの生活習慣の形成について適切に関わっていないなどが考えられる。家庭にだけ任せていると彼らは生活習慣を身につける機会を得られないかもしれないのだ。足立区の調査では「子どもを取り巻く家庭環境や生活習慣を変えていくことで、子どもの貧困の連鎖を軽減できる可能性がある」とされているように、生活習慣の形成が貧困の連鎖を断つうえで重要であるなら、拠点で生活習慣の形成を補完するべきであろう。

　また、あるスクールソーシャルワーカーは、「虐待や不登校などの問題は、生活の

図表34　生活習慣の比較②　子どもの食生活

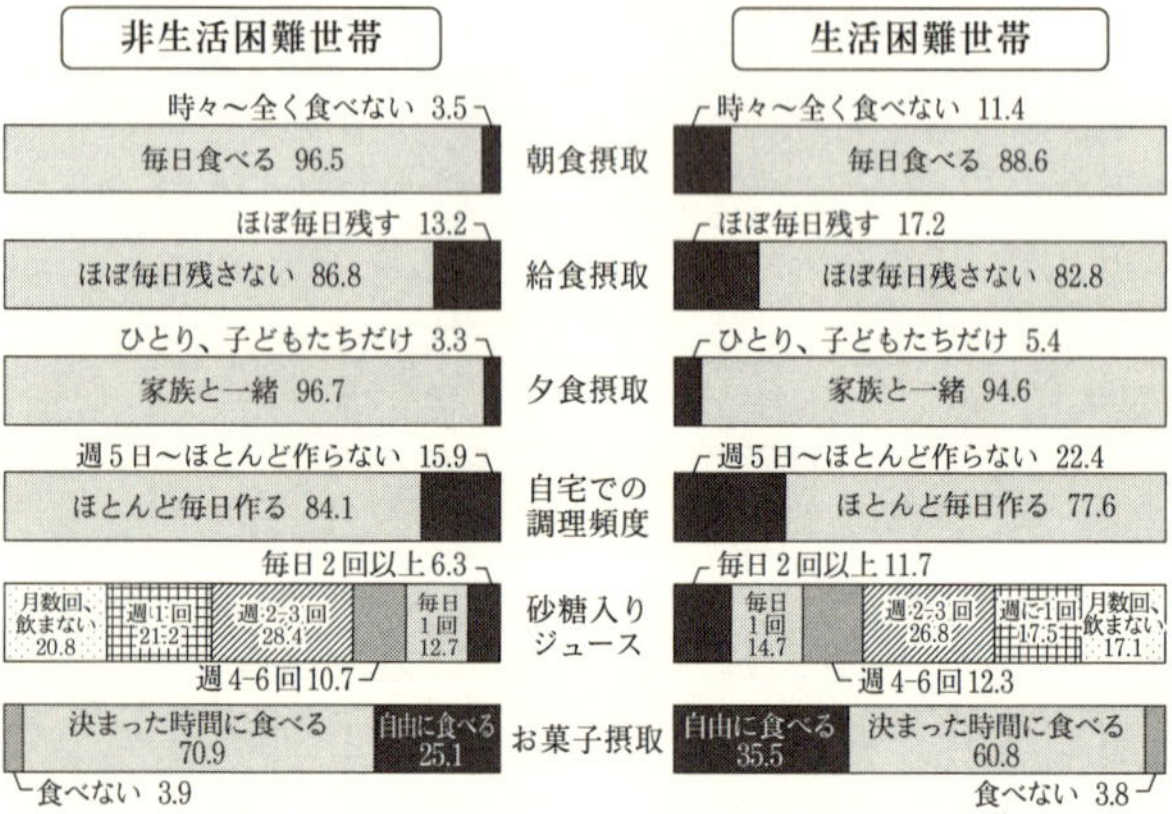

（出所）足立区（2015）「子どもの健康・生活実態調査」

乱れが予兆としてまず現れる」と指摘している。問題の早期発見という観点からも生活習慣へのアプローチは有効である可能性がある。この拠点では、日々の生活の中で、食事や衛生といった身体の発達に欠かせない生活習慣の形成に加え、あいさつやお手伝いなどといった周りの大人や子どもと過ごす際に必要な社会規範の形成を行なっていく。

読書プログラムについては、ソーシャルリーディングという手法を採用する。ソーシャルリーディングとは、複数名で共通の本を読み、その感想等を互いに共有する読書の方法である。この時期の子どもたちに単に本を与えるだけでは、関心を惹くのは難しいため、本を読むきっかけづくりや楽しさも含めて読書機会を提供する。拠点では株式会社ベネッセコーポレーションと株式会社スプリックスが共同で開発した「グリムスクール」のノウハウを活用する。グリムスクールは、「作戦」と呼ばれる独自カリキュラムを通じて、子どもたちが楽しく本に接するように設計されている。

なぜ読書に着目したかについては、図表35をご覧いただきたい。図表35は東京大学社会科学研究所とベネッセ教育総合研究所が共同でおこなった「子どもの生活と学びに関する親子調査二〇一五」から得られたデータである。

本データは、小学校一年から三年の子どもを持つ、年収二〇〇万円未満の保護者から得られた回答をもとに作成している。これによると、読み聞かせ頻度が高いほど、学習意欲が高くなる傾向にあることが分かる。しかし、低所得の家庭では家に本がなく、読書や読み聞かせの環境が整っていないことが珍しくない。

そこで、我々は、家庭での読書や読み聞かせを拠点にて補完することで、彼らの学習意欲を高め、語彙力や国語力の向上につなげたいと考えている。ちなみに、ベネッセの「進路選択に関する振返り調査」（二〇〇五年）によれば、保護者から「本や絵本を読んでもらう」経験が入学した大学の偏差値と相関するとの結果も出ている。

図表 35　入学前読み聞かせ頻度別「勉強が好き」な子どもの割合

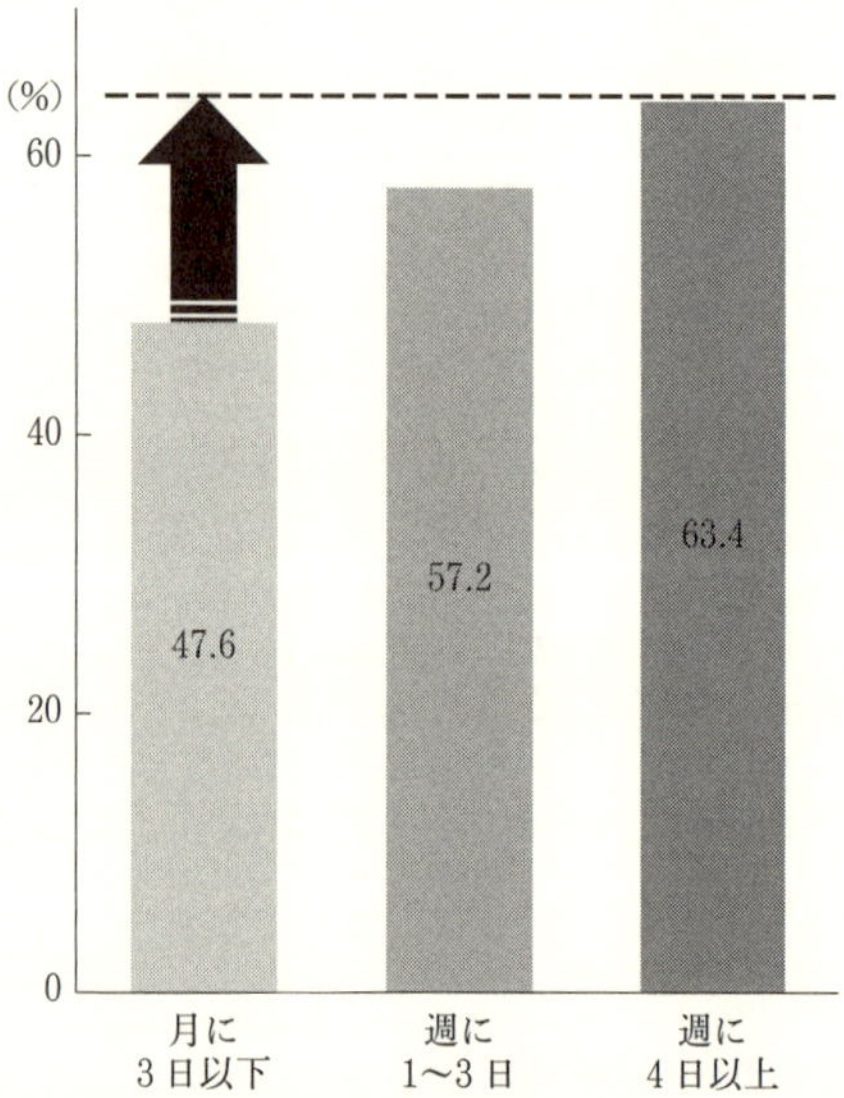

※小学 1 〜 3 年の保護者（年収 200 万円未満）の回答
※子どもは「勉強」をどれくらい好きかを尋ねた設問で「とても好き」「まあ好き」と回答した人の合計
※入学前の絵本や本の読み聞かせの頻度を尋ねた設問で「ほとんど毎日」「週に 4 〜 5 日」と回答した人を「週に 4 日以上」、「月に 1 〜 3 日」「ほとんどしていなかった」人を「月に 3 日以下」としている

（出所）東京大学社会科学研究所・ベネッセ教育総合研究所「子どもの生活と学びに関する親子調査 2015」（小学 1 年生〜高校 3 年生の子どもと保護者対象）

学歴が将来の所得を大きく左右する我が国において、読書や読み聞かせは自立に向けた大きな要素となるかもしれないのだ。我々が海外で実際に視察した支援現場でも、何らかの読書プログラムを提供しており、その効果は期待できる。

生活習慣の形成や読書プログラム以外にも、学習支援やスポーツ活動、畑いじりなどの農業体験や職業体験なども検討している。自治体や地域住民の協力が得られれば、様々なプログラムを用意することができると考えている。大事なことは、大人が提供したいサービスを提供するのではなく、子どもが利用したいサービスを提供することである。そのため、拠点では細かく時間の区切られたカリキュラムを用意することは考えておらず、子どもの自主性を尊重した時間の過ごし方ができるようにサービスを設計していく。

なお、サービスの対象は第五章でみたヘックマン教授の研究成果に依拠して、早期介入による効果が高いと考えられることから、就学前から小学校低学年の子どもとした。

地域との連携

二つ目の機能は地域との連携である。連携といっても様々な形があるが、拠点では「子どもたちのいる場所へ出向いてサービス利用を促すアウトリーチ活動」と「拠点で対応困難なケースは専門家や専門機関と連携し、支援につなげるブリッジング活動」を、地域と連携して実施する。

アウトリーチ活動を行なう背景には、支援現場で「サービスを提供しようとしても、利用してもらえない」という声を多くきいたためである。利用してもらえない理由には、サービス自体を知らない又は関心がない、サービスの利用を他の人に知られたら貧困と分かってしまうなどが考えられる。いずれにせよ、拠点で待っていてはサービスを利用してもらえない。

そこで、拠点では貧困の連鎖に陥るリスクのある子どもを、学校や地域の関わりの中で特定し、その子どもたちにサービス利用を促すべく、積極的なアプローチを行なっていく。実際の拠点での運用方法は検討中であるが、家庭訪問はアウトリーチ活動の主要施策となると考えている。

参考になるのが埼玉県の「アスポート事業」である。アスポート事業の正式名称は「生活保護受給者チャレンジ支援事業」であり、県の事業として二〇一〇年度から二〇一四年度にかけて行なわれ、現在は市の事業（町村については県が管轄）として引き継がれている。アスポート事業の教育支援では、支援員がケースワーカーの紹介を受け、家庭訪問を

図表36　アウトリーチ活動の例

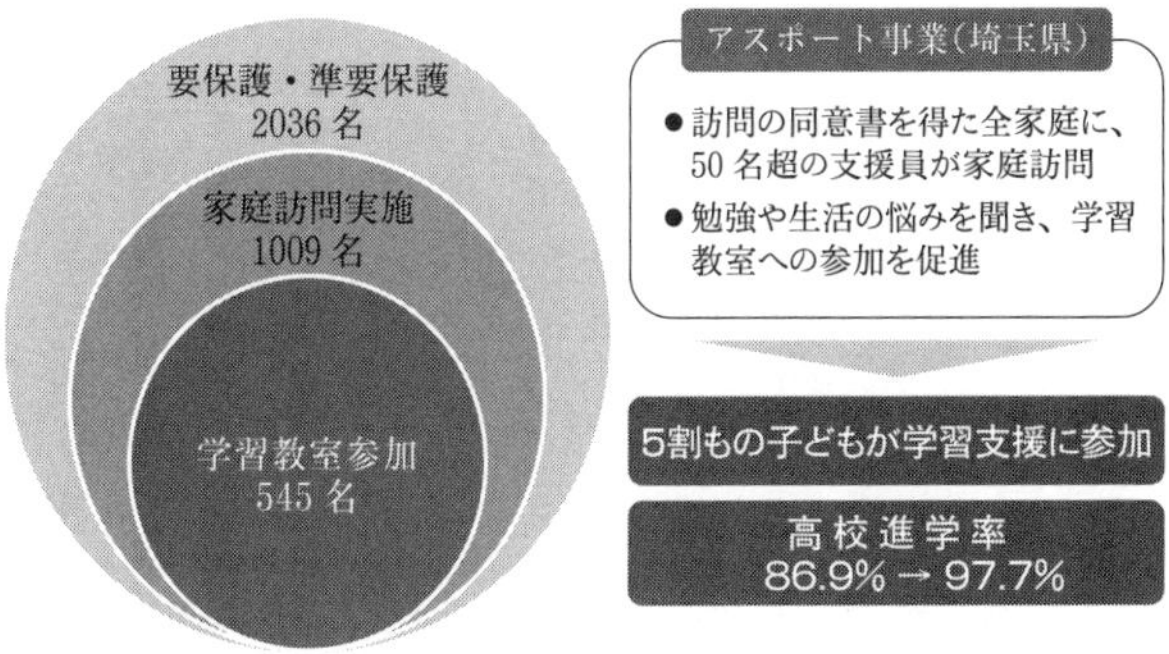

（出所）（一社）彩の国子ども・若者支援ネットワーク資料より作成

実施する。そこで、子どもや保護者の学習・生活に関する相談を受け、無料で利用できる学習教室の利用を促すものである。成果として事業実施前の二〇〇九年度は高校進学率が86・9％であったのに対し、二〇一四年度には97・7％に増加したという（図表36参照）。このように、子どもたちを確実にサービス利用につなげ、支援効果をあげるためには、家庭訪問が重要となると考えられる。

子どもたちが拠点に来るようになったとしても、子どもが抱える全ての課題に拠点が対応できるわけではない。図表37は貧困家庭が抱える課題の一例を示している。福祉、教育、医療、司法まで実に様々な課題を抱えている場合があるのだ。

そこで、拠点では自治体や地域と最初から連携

図表37　貧困家庭が抱える課題例

	福祉	教育	医療	司法
親	知的障害を抱えているため、各種支援の利用に困難を抱える	子どもの教育に時間とお金をかけない／かけることができない	身体又は精神に疾病を抱え、満足に働くことができない	夫から家庭内暴力を受けている
子ども	発達障害を抱えており、学習や対人関係に課題が生じている	経済困窮のため、大学進学を諦めざるを得ない	病気やむし歯が放置され、健康状態が著しく悪化している	親から虐待を受けている

（出所）日本財団（2016）「子どもの貧困対策プロジェクト」会見発表資料

し、拠点で対応困難なケースは専門家や専門機関と連携し、適切な支援につなげる（ブリッジング）ことを行ないたいと考えている。

参考になるのが、大阪市西成区における「あいりん子ども連絡会」の活動である。子どもに関わる地域の団体、関係者が一堂に会し、個々の子どもの抱える問題について話し合い、対応策を協議する場として、一九九五年から活動を行なっている。この活動の中心にあるのが「こどもの里」という施設である。我々も実際に訪問しお話を伺ったが、行政や民間という枠を超え、必要な方に必要な支援を行なうことが徹底されている。数多く支援団体を見てきたが、地域との連携において最も先進的な取組みを行なっている団体の一つであるように思う。

こどもの里単体だけでも、生活に関する相談、学習支援、居場所の提供、ショートステイ、里子の受入など活動の範囲は実に広いが、地域と密に連携することで、その支援の質と量を更に充実させている。我々の拠点でも、地域の専門家・専門機関と密接につながり、子どもたちに寄り添う支援を実現させたいと考えている。

施策を検証する

三つ目の機能は、第四章でも詳述した施策の効果検証である。本プロジェクトの目的は、子どもの貧困問題における有効施策の特定であり、有効性を導くためには、科学的なデータによる裏づけを行なう必要がある。本プロジェクトでは、子どもたちの学力の伸びに加え、子どもの貧困対策の鍵とされる非認知能力の成長についても検証を行なう。

また、本プロジェクトでは、貧困の世代間連鎖を断つことができたか確認するための長期にわたる追跡調査を実施する。これが実現すれば、我が国では初めての取組みである。ペリー就学前プロジェクトの結果は、全米で低所得層向けの就学前教育プログラム「ヘッドスタート（Head Start）」が導入されるきっかけとなった。本プロジェクトによって仮に有効性が確認されれば、国の政策や予算にも大きな影響を持つことになるだろう。

我が国の子どもの貧困問題に対する諸施策は、効果があるかどうかも分からないまま、多額の予算が投入されており、投資対効果を議論するためのデータもない。結果、建設的な議論がなされず、一部の事例や個人の体験にそって施策が立案されているのが実情である。右肩上がりの子どもの貧困率を止めるためにも、そして、社会的に投資対効果が高いとされる子どもの貧困対策の成果をしっかり享受するためにも、施策の検証は大きな鍵となってくる。

ある拠点での一日

ここまで拠点の機能について述べてきたが、子どもたちは実際にどのようにこの拠点を利用するのかイメージがつかない読者も多いと思う。拠点が開設していない段階であり、あくまで想像の域を出ないのであるが、ある子どもを主人公にした利用例をストーリー仕立てで紹介したい。

彼の名前は和也。小学校二年生。和也の両親は、和也が三歳のころに離婚し、現在は母親と和也の二人暮らしだ。和也は、三カ月ほど前から近所にできた「子どもの家」（拠点の仮称）に火曜日と木曜日の週二回通っている。火曜日と木曜日は、母親がパートの仕事を終えた後に、近くのスーパーでもう一つのパートをする日であり、帰りが遅くなるため、学校が終わった後は自宅ではなく子どもの家で過ごしている。

子どもの家に来るきっかけは、母親から薦められたことだった。チラシを見せられたが、和也はどんな場所かあまり理解できなかったものの、言われるがまま通うことになった。

最初は知らない人ばかりで緊張していたが、今は和也にとって火曜日と木曜日は楽しみで仕方ない。いつもは、学校が終われば誰もいない家に帰り、母親の帰りを待っている。小学校二年生とはいえ、お米を炊いたり、掃除機をかけたり、手伝える家事は何でもやらなくてはいけない。ちょっとでも家事が十分にできていないと、母親にきつく叱られる。最近は、母親が帰ってくると「また何か怒られるのでは」と怯えてしまう。けれど、火曜日と木曜日は、そんな心配をせずに子どもの家でお兄さんやお姉さんと遊んだり、一緒に本を読んだり、ご飯を食べたりできる。

子どもの家には、学校が二時ごろに終わってからその足で向かう。子どもの家に着くと、手を洗い、ランドセルは決められた場所にきちんと置く。ランドセルを置いたら、和也は宿題をやるようにしている。二年生の秋になって掛け算が始まったが、和也は九九がうまく覚えられない。学校の友達はみんな問題なく出来ているから、先生に相談したら恥をかいてしまいそうで、うまく相談できない。母親も仕事で疲れているから、勉強を教えてもらうのはなんとなく頼みづらい。だから、子どもの家で大学生のお兄さんお姉さんが九九をゆっくり教えてくれるようになったのは、和也にとってすごくありがたかった。

宿題が終われば、自由時間。外に行きたい人はスタッフの人と近くの公園で遊んでも良いし、中で遊んでも構わない。和也は最近、キャッチボールにはまっている。野球はテレビで観た事はあったし、実際にやってみたかったが、母親にグローブやバットをねだるのは気が引けた。でも、子どもの家にはグローブがあるので、存分に遊ぶことができる。

自由時間は五時ごろに終わり、その後に三十分の読書の時間がある。週一、二回は特別プログラムがある。そのプログラムはグリムスクールという名称なので、通う子どもは「グリム」と呼んでいる。そのプログラムでは、ただ本を読むだけではなく、みんなで本を題材にしたゲームをするから、楽しく本を読むことができる。和也が読めるような本は家にはなく、本といえば母親が読む雑誌が床に散らばっているだけであり、グリムも和也にとっては面白く、新鮮だった。

グリムが終われば夕飯の準備。みんなでご飯やお味噌汁、おかずをテーブルに運ぶ。夕飯は大体六時半ごろ。友達といろんな話をしながら食べるのは本当に楽しい。母親は仕事で疲れていると食事中、しゃべらないことも多いから、わいわいがやがや言いながらご飯を食べるのは、実は一番の楽しみだ。

夕飯が終われば、自由時間。テレビを観たり、本を読んだり、なかには寝てしまう子もいる。和也の母親はいつも九時ごろに迎えに来る。他の曜日は母親の帰りに少し怯えているが、なぜか火曜と木曜の母親は、疲れてはいるけど機嫌が良い。夕飯を作ったり片付けたりしなくて良いからかもしれない。だから、帰り道は一日の出来事を母親にたくさん話すようにしている。

いかがだろうか。特別なことはあまりない、平凡な印象を持たれたかもしれない。しかし、我々はそれこそが大事だと思っている。当たり前の日常を彼らがこの居場所で送れるようにすることが、自立に向けた第一歩である。

前述したように、我々はこの拠点を今後は全国一〇〇拠点にまで拡大することを目指している。しかし、一〇〇拠点といっても、仮に子どもが通える範囲である小学校区に一つ設置するとしても、全国に小学校区が二万以上あることを考えれば、全く足りない。我々のプロジェクトにおいて重要なのは、子どもの貧困問題において有効施策を特定し、行政施策につなげて、拡大展開を図っていくことである。有効施策を特定していく段階では、試行錯誤の連続であるため、柔軟に対応できる民間の力が必要となるが、一度有効施策が特定されれば、それを全国に実行する力は行政の方が格段に強い。この官民連携の方法は、他の社会課題の解決にも応用できる部分が多いと考えており、本プロジェクトが子どもの貧困問題のみならず、他の社会課題の解決にも参考となることを期待したい。

また、本書でも繰り返し述べてきたが、子どもの貧困対策は投資対効果の極めて高い施策であるとされている。しかし、一学年で二兆九〇〇〇億円という効果が期待できるにも関わらず、政府は子どもの貧困対策に予算をあまり投じていない。「政府財政は大変厳しい」「財源がない」という説明が繰り返されるが、他の予算を削ってでも子ども向けの予算に回した方が、長期的には日本のためになるかもしれないのだ。有効施策が特定されても、十分なリソースが確保できなければ意味が無いので、本プロジェクトでは国や自治体への政策提言も積極的に行なっていきたいと考えている。

問題解決に向けて　一人ひとりができること

さて、ここまで子どもの貧困問題解決に向けた様々な動きをみてきた。最後に、子どもの貧困問題における重要な担い手について述べたい。それは、あなたである。繰り返し述べているように、子どもの貧困問題は、「ジブンゴト」と捉えるべき問題である。子どもの貧困を放置した場合、一学年の生涯にわたってもたらされる社会的コストは二兆九〇〇〇億円である。国内市場が縮小し、経済活動が停滞し、政府財政が圧迫されれば、あなたの給料が減ったり、税金や保険料の負担がさらに増大したりするかもしれないのである。

そして、子どもの貧困問題はこれまで見てきたように非常に規模の大きく、複雑な問題である。その解決のためには、資金や物資、人材、知見などのあらゆるリソースを非常に多く必要とする。その時に重要となるのが、我々一人ひとりの力である。どんな形でも構わないので、子どもの貧困問題の解決に向けて協力をして欲しい。

お金に余裕のある方は、ＮＰＯ等への寄付をご検討いただきたい。日本は意外にも寄付税制の整備が進んでいる国である。内閣府の資料に例が示されているので参照すると、年収三〇〇万円の方が一万円寄付した場合、四〇〇〇円（所得税三二〇〇円、住民税八〇〇円）税額が減少するのだ。控除額の上限はあるものの、一万円寄付すれば半分近い金額が戻ってくる計算になる。子どもの貧困問題に取組む団体はウェブサイトで数多く検索することができ、そのほとんどで寄付を受け付けている。自分の地域にある団体、関心のある問題に取組む団体など、身近に感じる団体から寄付をしてみてはどうだろうか。

最近ではクラウドファンディングサイトでの寄付も盛んである。クラウドファンディングとは、群衆（Crowd）と資金調達（Funding）という言葉を組み合わせた造語で、インターネットを通じて不特定多数の人から資金を集める仕組みを指す。国内最大のクラウドファンディングサイトREADYFORで「子どもの貧困」をキーワードに検索すれば、日本の子どもの貧困問題に取組む団体やプロジェクトに出会うことができるだろう。

時間に余裕のある方は、ボランティアで支援活動を手伝ってはどうだろうか。勉強を教えることができるのであれば学習支援のボランティアはどうだろうか。料理が出来るのであれば、子ども食堂で料理ボランティアを担うのも良いかもしれない。趣味をお持ちの方は、子どもたちに色々な世界を見せることができる。

自分にとっては特別でない何かは、子どもたちにとって特別かもしれない。どこでボランティアをしてよいか分からないという方は、お近くの社会福祉協議会や各都道府県のNPOセンターに問い合わせるなどしてみると、団体を紹介してくれるかもしれない。子ども食堂でのボランティアを希望する場合は、先述したこども食堂ネットワークのウェブサイトにて、各子ども食堂のボランティア募集状況が分かるのでぜひご確認いただきたい。
(http://kodomoshokudou-network.com/help.html)

お金も時間もない方でも、子どもの貧困問題の解決に携わることはできる。家族や友人、職場の同僚など周りの人たちと、この問題について話してみて欲しい。社会問題について話す機会は限られるかもしれない。一週間のうち、ほんの五分で良い。関連するニュースをＳＮＳでシェアするだけでも良い。我々一人ひとりの関心が積重なって、社会で問題が継続的に注目されれば、支援の機運が高まっていく。その関心を高めるきっかけとして、少しでも多くの方にこの本が届けばよいと願う。

おわりに

本書をお読みいただいた方は、日本における子どもの貧困問題がどのような状況になっており、それがどうして世代を超えて連鎖をしているのかお分かりいただけたであろう。

世界第三位の経済大国である日本において、開発途上国とは質が違った貧困問題が澱《おり》のように沈んでいる。多くの国民は、最近の報道等での露出もあり、そうした問題を水面の上からはたまに気にしていたとしても、本気になってその澱をすくい上げて見てみることなどなかったことであろう。それはなぜなのか。それは多くの人にとっては、貧困問題は「ヒトゴト」であり、自己責任として片付けられているからである。

しかし、本当にそれだけで済まされる問題なのであろうか。答えは、ノーである。本書の読者ならばこの答えの理由も理解いただけているであろう。そして、子どもの貧困問題を「ヒトゴト」ではない、「ジブンゴト」として感じていただくことができたとすれば、

青柳　光昌

執筆陣一同大変光栄である。

「はじめに」で申し上げたように、この見えるようで見えない、もしかしたら見ないことにしている子どもの貧困問題を、経済的な観点から可視化をすることで、「ジブンゴト」として捉える人たちを増やしたい、それが本書の狙いである。そして、問題の解決のために、政治や行政はもとより国民全員が建設的で、前向きな議論と行動を起こす一助となりたい、との思いで出版された。

今、ご自身の周りを見渡してみて「ジブンゴト」として幅を利かせている社会問題とは、どういったものがあるのか想像をしてみていただきたい。安全保障やエネルギー問題よりも、高齢の方であれば、年金・社会保障、介護の問題、子どもを持つ働く世代であれば待機児童の問題など、どれも自分の目の前に差し迫った問題をあげるであろう。

そして、その解決を、政治や行政に求めることがなかば常態化している。

確かに、このような社会の問題は、一個人だけでどうにかなる問題ではない。

一方で、我々はこうした「ジブンゴト」の問題の解決を、政治や行政に求めてはいるが、はたして自分自身でも解決にむけた議論や行動を起こしているのだろうか。本当の意味で自分たちの幸福な生活、社会を自分たちで実現しようとしているのだろうか。「民主主義国家である以上、（選挙で選んだ）自分たちの代理に要求するのは当たり前だし、それがルールだ」といった意見は、もちろん正しい。

そうして、この民主主義のルールのもと、自分のことを代理に要求する形で権利行使をしてきた結果が、今のこの国のかたちである。「シルバー民主主義」とも揶揄される我が国の政策が、このかたちの一面を物語っている。誤解がないように申し上げるが、本書はここで世代間の対立を仕掛けようとしているのではない。「高齢者だ、若者だ」と感情に流されず、日本の将来のために、どの世代も、とりわけ我々大人たちには、事実を見た上での建設的な議論の必要性を訴えたいのである。

二〇一四年度、日本の高齢者に関する支出は、その年の対国内総生産（GDP）比で約11・2％、およそ五四兆九〇〇〇億円であり、子どもを含む家族に関する支出は同1・3％、六兆六〇〇〇億円である。高齢者への対策が大切なのは言うまでもない。しかし、およそ八倍の大きな開きがある（一人当たりで見ても四〜五倍）。この事実を見たとき、私たちは何をしなければならないのだろうか。今まさに、感情ではなく、いかに冷静に考え行動するかが問われている。

本書でも紹介したように、海外の先行研究では、子どもに対する様々な投資には、その効果は大変高くなることが明らかになっている。しかもそれは早ければ早いほど効果が高くなる。さらにそうした投資には、子どもにかけるお金だけではなく、子どもにかける時間や周囲との関係性、親の生活習慣や価値観など、適正な「社会的相続」が成されることが、子どもが社会的に自立するかどうか大きな鍵を握っているであろうことも述べた。

しかし、日本においてはこの説を証明している実績はない。適正な投資をするには、そのためのエビデンス（根拠、検証結果）が必要となる。確かなエビデンスが存在して初めて、心情や経験で政策を決定するのではなく、科学的に検討もしたうえで大胆な投資が可能となってくる。わが国においても、「効果の可視化」が待たれる。

国の将来を担うのは子どもたちである。

私たちには、子どもたちを自立した大人に育て、様々な立場で社会に貢献できる存在にする責務がある。親や学校、政治や行政だけの責任ではない。

他人任せで、「ヒトゴト」にしてきた結果が、本書が紹介してきたような子どもの現状だとすれば、もはや「ヒトゴト」ではすまされない。適正な「社会的相続」が地域全体で補完が出来るようにしていく必要がある。

たとえば、子どもの貧困問題に取り組むＮＰＯへ協力、参加することでも良いだろう。この機会に、仲間と連れ立って、新しく行動を起こしても良いだろう。子どもや親から見れば、最初のうちは面倒くさい、煙たがられる存在になるかもしれない。

しかし、それでもいいではないか。おせっかいおばさん、おじさんで結構、「少しうざい、でも気になる」お兄さん、お姉さんになろうではないか。このような個人、ＮＰＯなどの民間の組織、学校や自治体などが同じ問題意識を持ち、それぞれの立場と責任で取り組み、連携がなされることで、問題の解決へ一歩一歩向かっていくことを期待したい。「ジブンゴト」として考え、行動した先には、必ず明るい未来が待っている。


推計レポート作成には、ＭＵＲＣ（三菱ＵＦＪリサーチ＆コンサルティング）職員に大変お世話になった。特に、横山重宏氏、家子直幸氏、喜多下悠貴氏がいなければ、推計レポートの完成はなかった。また、第三章のインタビューには、アポイント取得などにおいて小川美帆氏に多くのお時間と労力をいただいた。そして、その現場の声、経験者の声として快くインタビューに応じてくださった皆さまにも改めて御礼を申し上げたい。

宮本みち子・放送大学教授、和田一郎・帝京科学大学講師には、推計レポート発表の際に配信したプレスリリースに大変心強いコメントをいただいた。あれだけの反響をいただいたのもお二人によるお力添えの賜物と考えている。

そして、日本財団職員にも謝辞を表したい。コミュニケーション部には、推計レポート発表の際に広報面で多大な協力をしてもらった。特に和田真チームリーダーには、いつもこちらの無理なお願いを快く引き受け、対応してもらっている。きめ細かい広報面での対応なくして、世間の関心をこれほど集めることはできなかった。他にも、対策チームのメンバーである栗田萌希には、基礎的なデータ収集や資料作成などにおいて尽力してもらった。本書にて紹介するデータや資料等は彼の精力的な業務の成果である。

最後に、文春新書編集部の高木知未氏にも、執筆陣を代表して御礼を申し上げたい。執筆経験の少ないメンバーを温かく見守っていただき、よりよい本に仕上げるための数多くのアドバイスをいただいた。数多あるレポートの中から推計レポートを見つけていただき、陽の目を見ることになったのは、彼女のおかげである。少しでも本書が世に広まり、恩返しが出来たらと思う。

【執筆者】

青柳光昌（あおやぎ みつあき）

1967年、千葉県生まれ。日本財団上席チームリーダー。日本大学法学部法律学科卒業、グロービス経営大学院修了（MBA）。障害者の移動困難の解消、NPO支援センター強化など市民活動の促進に従事。東日本大震災後、災害復興支援チームのリーダーとして、企業や行政と連携した多くの支援事業に携わる。現在は社会的投資の普及や、子どもの貧困対策を担当。共著に『日本型「無私」の経営力』、『復興が日本を変える』など。

小林庸平（こばやし ようへい）

1981年、東京都生まれ。三菱UFJリサーチ&コンサルティング（株）副主任研究員。明治大学政治経済学部経済学科卒業、一橋大学大学院経済学研究科修士課程修了。経済産業省経済産業政策局産業構造課課長補佐などを経て、現職。専門は、公共経済学、計量経済分析、財政・社会保障。独立行政法人経済産業研究所コンサルティングフェロー、日本大学経済学部非常勤講師、厚生労働省「働き方の未来2035　一人ひとりが輝くために」懇談会メンバー。

花岡隼人（はなおか はやと）

1985年、東京都生まれ。日本財団プロジェクトコーディネーター。一橋大学法学部卒業、ワルシャワ大学政治学研究科修了。（株）三菱総合研究所にてコンサルタントとして勤務後、ポーランド留学を経て、2013年9月より現職。発達障害者支援に従事した後、子どもの貧困対策チームに立上期からメンバーとして参画。「子どもの貧困の社会的損失推計レポート」作成や「子どもの貧困対策プロジェクト」など幅広い業務に携わる。

日本財団 子どもの貧困対策チーム
（にっぽんざいだん こどものひんこんたいさくちーむ）
チームは、深刻化する子どもの貧困問題に対応する専任部署として2015年より設置。同年12月に「子どもの貧困の社会的損失推計レポート」を発表し、子どもの貧困を放置した場合の経済に与える影響を日本で初めて試算。チームは、貧困の連鎖を断つための有効施策を特定すべく、「子どもの貧困対策プロジェクト」に取り組んでおり、企業、自治体、NPO、大学などと連携し、「家でも学校でもない第三の居場所」を全国に100ヶ所設置することを目指している。
http://www.nippon-foundation.or.jp/what/projects/ending_child_poverty/

文春新書

1092

徹底調査《てつていちようさ》 子供《こども》の貧困《ひんこん》が日本《にほん》を滅《ほろ》ぼす
社会的損失《しやかいてきそんしつ》40兆円《ちようえん》の衝撃《しようげき》

2016年（平成28年）9月20日 第1刷発行

著　者　日本財団 子どもの貧困対策チーム
発行者　木 俣 正 剛
発行所　株式会社 文 藝 春 秋
〒102-8008 東京都千代田区紀尾井町3-23
電話 (03) 3265-1211（代表）

印刷所　理 想 社
付物印刷　大 日 本 印 刷
製本所　加 藤 製 本

定価はカバーに表示してあります。
万一、落丁・乱丁の場合は小社製作部宛お送り下さい。
送料小社負担でお取替え致します。

ISBN978-4-16-661092-1

◆考えるヒント

聞く力　阿川佐和子
叱られる力　阿川佐和子
退屈力　齋藤 孝
坐る力　齋藤 孝
断る力　勝間和代
愚の力　大谷光真
選ぶ力　五木寛之
生きる悪知恵　西原理恵子
家族の悪知恵　西原理恵子
ぼくらの頭脳の鍛え方　立花 隆・佐藤 優
人間の叡智　佐藤 優
サバイバル宗教論　佐藤 優
寝ながら学べる構造主義　内田 樹
私家版・ユダヤ文化論　内田 樹
誰か「戦前」を知らないか　山本夏彦
百年分を一時間で　山本夏彦

男女の仲　山本夏彦
誰も「戦後」を覚えていない　鴨下信一
誰も「戦後」を覚えていない［昭和20年代後半篇］　鴨下信一
誰も「戦後」を覚えていない［昭和30年代篇］　鴨下信一
ユリ・ゲラーがやってきた　鴨下信一
民主主義とは何なのか　長谷川三千子
唯幻論物語　岸田 秀
わが人生の案内人　澤地久枝
丸山眞男 人生の対話　中野 雄
勝つための論文の書き方　鹿島 茂
世界がわかる理系の名著　鎌田浩毅
東大教師が新入生にすすめる本　文藝春秋編
東大教師が新入生にすすめる本2　文藝春秋編
頭がよくなるパズル〈東大・京大式〉　東田大志・東大・京大パズル研究会
頭がスッキリするパズル〈東大・京大式〉　東田大志・東大・京大パズル研究会
つい話したくなる 世界のなぞなぞ　のり・たまみ
成功術 時間の戦略　鎌田浩毅
一流の人は本気で怒る　小宮一慶

「秘めごと」礼賛　坂崎重盛
夢枕獏の奇想家列伝　夢枕 獏
常識「日本の論点」　『日本の論点』編集部編
10年後のあなた　『日本の論点』編集部編
27人のすごい議論　『日本の論点』編集部編
世間も他人も気にしない　ひろさちや
イエスの言葉 ケセン語訳　山浦玄嗣
お坊さんだって悩んでる　玄侑宗久
信じない人のための〈法華経〉講座　中村圭志
静思のすすめ　大谷徹奘
なにもかも小林秀雄に教わった　木田 元
論争 若者論　文春新書編集部編
完本 紳士と淑女　徳岡孝夫
日本版白熱教室 サンデルにならって正義を考えよう　小林正弥
泣ける話、笑える話　徳岡孝夫・中野 翠
金の社員・銀の社員・銅の社員　秋元征紘・田所邦雄・ジャイロ経営塾
何のために働くのか　寺島実郎
「強さ」とは何か。　宗 由貴・監修　鈴木義孝・構成

日本人の知らない武士道　アレキサンダー・ベネット
勝負心　渡辺　明
迷わない。　櫻井よしこ
議論の作法　櫻井よしこ
男性論　ヤマザキマリ
四次元時計は狂わない　立花　隆
ニュースキャスター　大越健介
無名の人生　渡辺京二
坐ればわかる　星　覚
中国人とアメリカ人　遠藤　滋
脳・戦争・ナショナリズム　中野剛志・中野信子・適菜　収

◆教える・育てる

幼児教育と脳　澤口俊之
子どもが壊れる家　草薙厚子
食育のススメ　黒岩比佐子
明治人の作法　横山験也
こんな言葉で叱られたい　清武英利
著名人名づけ事典　矢島裕紀彦
人気講師が教える理系脳のつくり方　村上綾一
英語学習の極意　泉　幸男
語源でわかった！英単語記憶術　山並陞一
語源の音で聴きとる！英語リスニング　山並陞一
外交官の「うな重方式」英語勉強法　多賀敏行

◆サイエンス

もう牛を食べても安心か　福岡伸一
人類進化99の謎　河合信和
インフルエンザ21世紀　瀬名秀明・鈴木康夫監修
「大発見」の思考法　山中伸弥・益川敏英
原発安全革命　古川和男
ロボットが日本を救う　岸　宣仁
巨大地震　権威16人の警告　『日本の論点』編集部編
同性愛の謎　竹内久美子
太陽に何が起きているか　常田佐久
生命はどこから来たのか？　松井孝典
数学はなぜ生まれたのか？　柳谷　晃
嘘と絶望の生命科学　榎木英介
ねこの秘密　山根明弘
粘菌　偉大なる単細胞が人類を救う　中垣俊之
ティラノサウルスはすごい　土屋　健・小林快次監修
アンドロイドは人間になれるか　石黒　浩

(2016. 4) E
品切の節はご容赦下さい